Aus Freude am Lesen

btb

Buch

»Afghanistan gleicht einer hell erleuchteten Bühne. Die ganze Welt schaut zu. Diejenigen von uns, die sich zur Zeit der »Katastrophe« – die afghanische Bezeichnung für die sowjetische Invasion – für das Schicksal dieses Landes interessiert haben, bedauern es, dass der Scheinwerfer damals nicht eingeschaltet war. Welches Leid hätte vermieden werden können.«
Seit Jahren ist Doris Lessing engagierte Mitarbeiterin von »Afghan Relief«, einer gemeinnützigen Hilfsorganisation für afghanische Flüchtlinge. Im September 1986 flog die Autorin nach Pakistan, um sich selbst ein Bild der Zustände in den Flüchtlingslagern zu machen. Sie suchte die Begegnung mit den Mudschahidin, mit Widerstandskämpfern und Flüchtlingen, mit afghanischen Frauen und Kindern. In »Der Wind weht unsere Worte fort« schildert Doris Lessing ihre sehr persönlichen Eindrücke aus dem leidgeprüften Afghanistan. Ein Reisejournal, ergänzt durch Daten, Fakten und ausführliche Interviews und einer großen Frage: Warum hat die Welt – warum haben wir – dieser Tragödie so lange untätig zugeschaut? Eine höchst aktuelle Frage, die Doris Lessing in einem neuen, aufrüttelnden Vorwort aufgreift, und das von ihr verfasst wurde, kurz bevor die ersten Bomben auf Afghanistan fielen.

Autorin

Doris Lessing, 1919 im heutigen Iran geboren und auf einer Farm in Südrhodesien aufgewachsen, lebt seit 1949 in England. 1950 veröffentlichte sie dort ihren ersten Roman und kam 1953 mit »Eine afrikanische Tragödie« zu Weltruhm. Heute ist Doris Lessing eine der bedeutendsten Schriftstellerinnen der Gegenwart, ihr umfangreiches Werk umfasst Lyrik, Prosa und autobiographische Schriften.

Doris Lessing bei btb

Ben in der Welt. Roman (72741)
Das fünfte Kind. Roman (72075)
Unter der Haut. 1919–1949. Autobiographie (72045)
Schritte im Schatten. 1949–1962. Autobiographie (72276)
Die Liebesgeschichte der Jane Somers. Roman (72155)
Das Tagebuch der Jane Somers. Roman (72156)
Und wieder die Liebe. Roman (72067)

Der Canopus-Zyklus: Shikasta. Roman (1; 72734) –
Die Ehen zwischen den Zonen Drei, Vier und Fünf.
Roman (2; 72773)

Doris Lessing

Der Wind weht unsere Worte fort

Afghanische Betrachtungen

Aus dem Englischen
von Elke Hosfeld

btb

Die Originalausgabe erschien 1987 unter dem Titel
»The Wind Blows Away Our Words and
Other Documents Relating to the Afghan Resistance«
bei Pan Books Ltd., London.
Das »Neue Vorwort« wurde im Oktober 2001 von Doris Lessing
verfasst.

Umwelthinweis:
Alle bedruckten Materialien dieses Taschenbuches
sind chlorfrei und umweltschonend.

btb Taschenbücher erscheinen im Goldmann Verlag,
einem Unternehmen der Verlagsgruppe Random House.

1. Auflage
Deutsche Erstveröffentlichung Mai 2002
Copyright © 1987, 2001 by Doris Lessing
Copyright © der deutschsprachigen Ausgabe 2002
in der Verlagsgruppe Random House GmbH
Umschlaggestaltung: Design Team München
Umschlagfoto: Picture Press/Corbis
Satz: Uhl + Massopust, Aalen
MD · Herstellung: Augustin Wiesbeck
Made in Germany
ISBN 3-442-73000-7
www.btb-verlag.de

INHALT

7. Oktober 2001

Afghanistan gleicht einer hell erleuchteten Bühne. Die ganze Welt schaut zu. Diejenigen von uns, die sich zur Zeit der »Katastrophe« – die afghanische Bezeichnung für die sowjetische Invasion – für das Schicksal dieses Landes interessiert haben, bedauern es, dass der Scheinwerfer damals nicht eingeschaltet war: Welches Leid hätte vermieden werden können. Oder noch früher, als man, wie ich von Afghanen gehört habe, die sich unter König Zahir in hohen Positionen befanden, die Vereinigten Staaten gebeten hat, ein Land zu verteidigen, das immer umkämpft war, als Russlands Zugang zum Meer galt, zur Arena für das »Große Spiel« zwischen Russland und Großbritannien wurde und keine Chance hatte, in Frieden gelassen zu werden. Unmöglich scheint es, Hilfe vom alten Feind Großbritannien zu erwarten, dessen Armeen Afghanistan im 19. Jahrhundert dreimal geschlagen hat. Doch hätte Amerika, die neue Weltmacht, Afghanistan in seine Interessenssphäre einbezogen, wären damit den Bestrebungen der Sowjetunion Schranken gesetzt gewesen: Afghanistan hatte zusehen müssen, wie sich das sowjetische Reich mit blutiger Gewalt bis an seine Grenzen ausdehnte. Doch die Vereinigten Staaten, so das Gerücht, weigerten sich einzugreifen, und die Sowjetunion schickte ihre Spione und Provokateure aus, baute kriegswichtige Straßen und päppelte die unpopuläre kommunistische Partei auf, die als Vorwand für den Einmarsch diente.

Die Geschichte kennt viele Wenn und Aber, doch dieser Fall ist besonders bitter. Sicher, es kann schief gehen, wenn Amerika sich einmischt, oder noch Schlimmeres bedeuten, aber wer würde sich angesichts der Alternativen nicht dafür entscheiden?

In jenem Krieg ließen die geschickte Desinformation der Sowjetunion und die Vorurteile des Westens Afghanistan wie ein Schattenspiel erscheinen: Nichts war so, wie es aussah; und wenn man dieses kleine Buch nach sechzehn Jahren noch einmal zur Hand nimmt, überkommt einen wieder das Gefühl der hilflosen Empörung, »als ob man in einem Gummisack steckt, schreit und brüllt und niemand hinhört«, wie es ein Journalist, der in Peschawar arbeitete, beschrieben hat. Genau so. Doch es macht nur Sinn, sich mit den Fehlern der Vergangenheit zu beschäftigen, wenn sie ein Licht auf die Gegenwart werfen. Die Hauptursache für die Blindheit des Westens war die Zurückhaltung gegenüber der Sowjetunion, die sogar dann unvermindert blieb, als diese Verbrechen verübt hatte oder verübte. Ihre Gräueltaten wurden ignoriert oder entschuldigt, ihre Propagandalügen akzeptiert. Daran hat sich nichts geändert. Wir sind wieder mit der ehemaligen Sowjetunion befreundet und beschönigen jenen Krieg. Und es sieht ganz so aus, als ob wir Russland in seinem grausamen Feldzug gegen die »Terroristen« Tschetscheniens unterstützen wollten, genauso wie wir es fast bis zum Ende in ihrem Kampf gegen die »Terroristen« Afghanistans getan haben.

Kurz nachdem unsere Gruppe Peschawar verlassen hatte, schickten die Vereinigten Staaten den Mudschahidin, die gegen die Bombardierung hilflos gewesen waren, endlich die *Stingers*, um die sie seit Jahren gebeten hatten. Das sind die Boden-Luft-Raketen, mit denen man Flugzeuge abschießen kann. Damit konnte der Krieg sein Ende finden. Die russischen Truppen gingen nach Hause und erlebten dort die Auflösung des Sowjetreiches – der Krieg war für ihr Land ebenso wie für Afghanistan eine Katastrophe gewesen. Die Sowjetunion übte Selbstkritik für die Invasion, wenn nicht sogar für ihre Durchführung; die Hypnotisierten im Westen wachten auf und murmelten die beschämende Entschuldigungsfloskel unserer Tage: »Wir haben einen Fehler gemacht.«

Afghanistan blieb zurück: von Tretminen übersät, die es den Geflüchteten erschwerten, in ihre zerbombten Dörfer heimzukehren; mit zerstörten *qanats* (den alten Wasserkanälen); mit Armeen von verwahrlosten Kindern; mit zerstrittenen, sich bekämpfenden Gruppen. Es lohnt sich, an die Worte eines Generals zu erinnern (dessen Namen ich damals so erfolgreich verdrängte, damit er mir nicht zufällig entschlüpfte und das Risiko der Ermordung des Mannes erhöhte, dass er mir heute entfallen ist): »Die bigottesten Gruppen sind manchmal die besten Kämpfer.« Eine davon war die von Gulbuddin Hekmatjar, der von den Vereinigten Staaten unterstützt wurde. Er schleuste Waffen ins Land, die die USA an den Iran geliefert hatten. Unfähig, mit anderen Gruppen zusammenzuarbeiten, zerstörte er die Bündnisse, die sich erst zaghaft bildeten, im Keim. Das Netteste, was man über die damalige US-Politik sagen kann, ist, dass sie schlecht beraten war.

Momentan stehen wir vor einer ähnlichen Situation. Nach dem Sieg über die Taliban müssen die heute verfeindeten Gruppen irgendwie zusammenfinden, wenn das arme Land nicht wieder einem ehrgeizigen Diktator oder einer Gruppe von Tyrannen zum Opfer fallen soll. Die Taliban sind Produkte der »Katastrophe«. Diese Heerscharen von kleinen Jungs mit ihren leuchtenden Augen, die uns – und alle Besucher – umringten und um Kugelschreiber,

Hefte oder sogar einzelne Blatt Papier anbettelten, während sie ihre hölzernen Kalaschnikows umklammerten, sind ohne Schulbildung und mit dem Gedanken an Krieg und Rache aufgewachsen und haben alle Arten von Leid und Terror erlebt – kluge Kinder, denen in den Flüchtlingslagern von unwissenden Mullahs nur der Koran beigebracht wurde. Sie wuchsen in eine Zukunft hinein, in der es für sie keinen Platz in der modernen Welt gibt. Die Taliban sind ungebildete, uninformierte Glaubenseiferer. Überall auf der Welt hinterlassen Kriege junge Männer und Frauen, die nichts außer Mord, Folter und Unterdrückung gelernt haben, die andere so behandeln, wie man sie behandelt hat.

Die unmittelbare Reaktion der Vereinigten Staaten auf die Bombardierung des World Trade Centers war der wütende Aufschrei eines Elefantenbullen, der von einem Giftpfeil getroffen wurde, und Drohungen sofortiger Vergeltung. Zum Glück setzten sich Vernunft – und bessere Beratung? – durch.

Schwerlich kann man den Plan begrüßen, Bodentruppen in dieses Land zu schicken, um gegen Menschen vorzugehen, die im Krieg gelernt haben, halb verhungert zu kämpfen, die immer umhergezogen sind und mit schweren Lasten Berghänge hochklettern können, vor denen selbst eine Ziege zurückschreckt. Nur die Speznaz, die sowjetische Entsprechung der SAS, war in der Lage, in diesem Krieg erfolgreich zu kämpfen. Gewöhnliche Soldaten waren trotz ihrer überlegenen Waffen nicht zu gebrauchen. Und als die Afghanen die Briten schlugen, gelang ihnen das mit uralten Gewehren, ihrer Tapferkeit und Kenntnis von dem, was wir heute Guerillakrieg nennen.

Überall in den Bergen gibt es Höhlen, die manchmal groß genug sind, um ganze Kompanien von Kriegern, Waffen und Versorgungsgütern aufzunehmen; einige unterirdische Bollwerke haben die Russen nie entdeckt. Diesen Krieg kann man nur mit Unterstützung der Bevölkerung gewinnen, doch man ist sich nicht einig, ob die Nation den Sturz der Taliban feiern oder mehrheitlich die Taliban unterstützen wird.

Der bemerkenswerte General X sagte, dass der afghanische Weg, die lokalen Stammesführer – und Kommandeure im Krieg – zu unterstützen und lockere Bündnisse zu schließen, eine Stärke war und nicht, wie der Westen meinte, eine Schwäche. In den alten Zeiten herrschte häufig einer dieser örtlichen Führer über ein Tal oder einen Berg, während die Zentralregierung kaum von Bedeutung war. Auf dieser Basis konnte man nach dem Krieg nur schwer stabile Verhältnisse herstellen, und Verbrecher wie Hekmatjar hatten ein leichtes Spiel. An dieser Stelle murmeln die Menschen immer: »Der König...« Zahir war kein schlechter König und hat sein Land ganz gut geführt, aber er wurde gestürzt. Könige sterben in jenem Land nur selten im Bett. Zumindest in jüngerer Zeit ist die Geschichte Afghanistans voll von Komplotten, Staatsstreichen und politischen Morden gewesen. Sind die Menschen jetzt durch Krieg, Hunger und Unterdrückung so erschöpft, dass sie sich mit einer Zentralregierung zufrieden geben, wenn diese nur einigermaßen gerecht und stabil ist? Oder wollen sie zu dem zurück, was für sie natürlich ist, zu den alten Bindungen an örtliche Führer, die sie wenigstens beeinflussen können, einer Art von Demokratie, wenn man es vergleicht, was sie unter den Taliban und den Russen kennen gelernt haben?

Ein entscheidender Punkt wird nie erwähnt. Als 1986 immer wieder beklagt wurde, dass eine ganze Generation von Intellektuellen, Ingenieuren, Dichtern, Dramatikern, Musikern und Universitätsprofessoren mit der Gründlichkeit, die kommunistischen Regimes eigen ist, ermordet worden war, nahm der Westen kaum Notiz davon, was daran lag, dass wir es nicht gelernt hatten, diese Leute wahrzunehmen. In unserer Vorstellung war der Afghane ein Bandit, nicht weit entfernt von einer Figur in einer Operette, die auf dem Balkan spielt. Als ich in Peschawar war, habe ich Männer getroffen, die so ähnlich aussahen, aber hochintelligent über Weltpolitik diskutierten, ebenso wie Menschen, nicht nur Kämpfer, von einem intellektuellen und moralischen Niveau, dem ich seitdem nicht mehr begegnet bin. Das Bild ist beharrlich. Leon Flanhoc hat ein Jahr lang bei den Mudschahidin gelebt und gekämpft und einen Film gedreht, den niemand hier zeigen wollte, weil die Medien Filme bevorzugten, die die Kämpfer als mordlüsterne Verbrecher zeigen. Eine britische junge Frau kämpfte dreimal in Afghanistan, jedes Mal wochenlang und in großen Schlachten, aber sie konnte sich bei uns nur kurz in »Woman's Hour« Gehör verschaffen, weil man nicht glauben wollte, dass die Afghanen, die allesamt Frauen verprügelten, ein schönes Mädchen wie eine Schwester behandeln und mit ihr gleichberechtigt kämpfen würden.

In Afghanistan wurde eine gebildete Mittelklasse ausgelöscht, doch Tausende, möglicherweise Millionen, entkamen und gingen ins Exil – nach England, Amerika, überall auf der Welt. Bush und Blair reden nur davon, die kämpfenden Gruppen miteinander zu versöhnen. Viele, wie Professor Majruh, der in Kabul und dann in Peschawar Literatur gelehrt hat, wurden ermordet, aber was ist mit diesem beeindruckenden General X geschehen? Ist es uns immer noch nicht möglich, die gebildeten Afghanen mit ihrer Erfahrung in der modernen Welt zu berücksichtigen?

Den Erzverschwörer Osama Bin Laden habe ich nicht erwähnt, weil viele Menschen glauben, dass er nur eine Spinne in einem großen Netz ist; wir bekämpfen den weltweiten Terrorismus, sagt man uns, den Plan eines Fantasten. Eine Sage erzählt, dass dort, wo ein Held gefallen ist, hundert bewaffnete Männer an seine Stelle treten.

Wir werden von Menschen regiert, und das ist besonders in Großbritannien der Fall, die Rhetorik und Wirklichkeit verwechseln und wie Zauberlehrlinge daran glauben, dass Worte Wahrheit schaffen.

Der Krieg in Afghanistan könnte (wir wollen es hoffen) strategische Ziele präzise bombardieren, er kann die Talibanherrschaft beenden. Er mag sogar zur Ergreifung Bin Ladens führen.

Aber das Ziel, den internationalen Terrorismus zu beseitigen? Es gibt ehemalige Terroristen, die heute in hohen Positionen sind, in Israel, Nordirland. Nelson Mandela wurde jahrelang als Terrorist bezeichnet, ebenso wie Kenyatta, der spätere große alte Mann von Kenia.

Vielleicht wäre ein wenig Vorsicht angebracht. Vielleicht auch ein bisschen Bescheidenheit. Und wie wäre es mit etwas gutem, altmodischem Commonsense?

Und einem Hauch von Skepsis. Ein alter Soldat aus dem Krieg von 1914 hat mich zu Beginn des Zweiten Weltkriegs gewarnt: »Denk daran, das erste Opfer eines Krieges ist die Wahrheit.« Ein Klischee wurde Wirklichkeit: Ich erinnerte mich und empfand diesen Rat als sehr hilfreich.

DORIS LESSING   *7. Oktober 2001*

Soeben haben wir gehört, dass die ersten Bomben auf Afghanistan gefallen sind.

Wir schreien um Hilfe,
doch der Wind weht
unsere Worte fort.

KOMMANDEUR
DER MUDSCHAHIDIN
Peschawar, 1986

Dem tapferen Volk Afghanistans

ERSTER TEIL

Ihr langes Haar
war aufgelöst

Die Sage erzählt, dass Apollon, der sich langweilte, seine Aufmerksamkeit den kleinen Wesen auf der Erde zuwandte, die alle emsig ihren Geschäften nachgingen, wie das bei uns so üblich ist. Als er Kassandra, eine hübsche junge Frau, bemerkte, sagte er: »Wie wär's mit einem Quickie? Es wird dein Schaden nicht sein, ich verleihe dir die Gabe der Prophezeiung.« »Ich habe nichts dagegen«, sagte sie, hielt aber ihr Versprechen nicht ein, als ihr bewusst wurde, dass sie in die Zukunft blicken konnte. Apollon wurde wütend. Außerdem war er rachsüchtig, damals eine bewunderte Eigenschaft. »Gib mir wenigstens einen Kuss«, sagte er, und sie war einverstanden. Während er sie umarmte, nahm er die Hälfte seines Geschenks wieder zurück: Sie konnte zwar noch prophezeien, verlor aber ihre Glaubwürdigkeit. Einige Überlieferungen sagen, dass Apollon ihr in den Mund atmete; andere, ähnlich eklig, dass er »ihren Atem einsaugte«. Doch in Wirklichkeit spie er ihr wie eine Schlange in den Mund. Schlangen spielen in der Geschichte Kassandras von Anfang an eine Rolle. Sie und ihr Zwillingsbruder wurden von den Eltern, die sich bei einem Gelage betrunken hatten, in einem Tempel vergessen. Als das Paar reumütig zurückkehrte, um die Kinder abzuholen, »leckten die heiligen Schlangen des Tempels an ihren Ohren«. So kam Kassandra nach dieser Version der Sage zu ihrer Sehergabe.

Kassandra, die Tochter von Priamos, dem König von Troja, warnte mit »aufgelöstem Haar« vor dem bevorstehenden, verheerenden Krieg, aber niemand achtete auf sie. Verschiedene unüberlegte Handlungen Trojas führten zum Ausbruch dieses Krieges; die schöne Helena trug nicht allein die Schuld. Tatsächlich verhielten sich beide Seiten so – als könnten sie gar nicht anders –, dass dieser Krieg unvermeidlich wurde. Folglich brach er aus. Dann ging er weiter.

Es gab damals viel von dem, was wir heute Kollaboration nennen. Selbst Kassandra, die Tochter des Königs von Troja, bekam von Agamemnon, dem König der angreifenden Truppen, zwei Kinder. Helena… nun ja, Helena ist ein interessanter Fall. In kürzeren Versionen der Geschichte oder in denen für Kinder ist sie passiv und wird von Hand zu Hand gereicht; man würfelt um sie, streitet sich um sie, begehrt sie, und sie ist immer unschuldig – wie eine Puppe oder eine lächelnde Statue, von Helligkeit durchdrungen. Als Tochter von Zeus ist sie göttlichen Ursprungs. War sie schön, weil sie göttlich war, oder göttlich, weil sie schön war? Ganz Troja liebte sie, was an die Jungfrau Maria in gewissen Ländern erinnert. Aber es ist reizvoller, sie für unwiderstehlich schön zu halten.

Und sie war mit Sicherheit nicht passiv.

Sie und Kassandra stellen oft verschiedene Aspekte einer Eigenschaft dar; eines der schmückenden Beiworte für Kassandra war: »Die, die Männer betört.«

Kassandra wurde als Agamemnons Besitz mit der Kriegsbeute nach Mykene verschifft, und Klytaimnestra, die eifersüchtig war, ließ sie ermorden. Kassandra wusste, dass man sie und Agamemnon töten wollte: Sie »roch Blut«. Doch auch ohne Blutgeruch wäre es nicht allzu schwierig gewesen vorherzusehen, dass sie der Frau ihres Geliebten im Wege stand. Kassandra weigerte sich, den

22

Raum zu betreten, wo man ihren Liebhaber Agamemnon, ihren Feind, den Vater ihrer beiden Kinder, abschlachtete. Aber wenn sie danach nicht selbst umgebracht worden wäre, hätte sie natürlich weiterhin weise Voraussagen gemacht, erregt und mit aufgelöstem Haar. Und niemand hätte davon auch nur im geringsten Notiz genommen.

Nun ja. Wir haben uns verändert, und damit auch das Bild, das wir uns von den Göttern machten. (Unsere Auffassung von den Gottheiten könnte man fast zu allen Zeiten als eine Art Lackmuspapier oder Geigerzähler betrachten – als Maßstab unserer Entwicklung oder der Stufe in der Evolution.) Sie sind nicht mehr rachsüchtig oder launisch, spielen nicht mehr mutwillig mit dem Schicksal der Menschen, paaren sich nicht mehr aus Jux und Tollerei mit der einen oder anderen hübschen Sterblichen und haben derben Späßen und grobem Unfug abgeschworen. Vielmehr grübeln sie traurig über die menschlichen Schwächen und fragen sich, ob ihre Schutzbefohlenen irgendwann zur Vernunft kommen werden. »Wenn sie nur eine Spur von Unserem νοῦς – Unserem Verstand – hätten! Es wird wirklich langsam Zeit, dass sie sich etwas von Unserer Weitsicht aneignen, von Unserer Voraussicht und Unserer Fähigkeit zu erkennen, was aus ihren Taten oder Gedanken folgt. Wir tun, was Wir können, um die eine oder die andere Dummheit zu verhindern – auch wenn sie selten Unsere Einmischung in ihre Angelegenheiten wahrnehmen, weil sie so eitel und eingebildet sind. Wir pflanzen Ideen in ihre Köpfe, die die Toren für ihre eigenen halten… ja. Wir tun so viel, wie sie Uns erlauben. Und dann gibt es dort unten auch noch diese wenigen wertvollen Menschen, die Uns näher treten, wie Wir werden und Unsere Weisheit in sich aufnehmen wollen – durch sie können wir das menschliche Geschick ein wenig beeinflussen. Aber sie müssen zuallererst lernen, wann man sprechen und wann man schweigen soll. Das Problem ist, dass so viele, die einen Hauch von Uns verspürt haben, den Kopf verlieren und glauben, es gehe nur darum, die Haare aufzulösen und einfach so weiterzumachen … sie wollen sich nicht dem langen, mühsamen Prozess unterziehen, sich zu rüsten, um für die Gespräche mit Uns gerüstet zu sein – ganz im Gegenteil, sie rennen herum, plappern aufgeblasen von Einsichten und Erkenntnissen und reden unpassendes und zusammenhangloses Zeug daher, zur rechten und zur unrechten Zeit: Heilige, Propheten, Prophetinnen, Märtyrer …«

Was ich zu gern erfahren würde, ist, wer in Priamos' Palast sonst noch über den drohenden Krieg gesprochen hat. Nur Kassandra? – Natürlich nicht. Nein, es gab wahrscheinlich eine beachtliche Minderheit, für die der Name »Kassandra« stehen kann. Sie war eine Prinzessin, erregt, mit wirren Haaren, die »Wehe, weh uns!« rief, aber in der Küche flüsterten die alten Frauen mit düsterem Blick, die das alles schon vorhergesehen hatten, und ein Bettler, der in einem früheren Krieg als Soldat zum Krüppel geworden war, trieb sich auf den Zinnen der Stadtmauer herum und packte jeden Vorübergehenden am Arm. »Dieser Krieg wird ein Unheil für uns alle sein«, brüllte er (denn er war ein wenig taub, weil ihn ein Speer verwundet hatte), »ein Unheil für die Griechen wie für uns!« Aber er war nicht mehr ganz richtig im Kopf, der arme Alte, und alle wussten, dass Kassandra entschieden zu aufgeregt war.

Vor langer Zeit gab es auf dieser Welt die besonderen, zum Weissagen begabten Individuen. Später dann einige Leute in jedem Palast, jeder Siedlung, jedem Gehöft. Doch heute ist es das ganze Volk. In unseren Tagen ist Kassandra nicht eine göttlich inspirierte Seherin oder eine alte Frau, die unbeachtet in der Ecke weint, oder ein alter Soldat, der alles im Krieg verloren hat. Kassandra ist der Warnruf, der von allen Seiten ertönt, besonders von Wissenschaftlern,

24

deren Aufgabe es ist zu wissen, was aller Wahrscheinlichkeit nach passieren wird; von Menschen überall auf der Erde, die sich mit gesellschaftlichen und politischen Fragen beschäftigen; von jedem, der denkt. Man könnte auch sagen, dass die ganze Welt aus Kassandras besteht, da es praktisch niemanden mehr gibt, der keine Katastrophen vorhersieht. Sie alle wären abwendbar, abzuwenden, wenn wir wirklich Herren unseres Geschicks wären, wie wir glauben – oder wie man es für möglich halten könnte, wenn man uns so reden hört.

Wir wissen alle oder tun zumindest so, als ob wir es wüssten, dass wir die Regenwälder dieser Welt nicht zerstören dürfen, die Bäume auf den Berghängen nicht abholzen, weil das Wasser sonst die kostbare Muttererde ins Meer schwemmt und sich damit die Ausdehnung der Wüsten beschleunigt (sie haben sich seit Jahrhunderten, Jahrtausenden ausgedehnt). Wir sollten kein Gift in die Ozeane kippen oder Radioaktivität freisetzen, die ganze Landstriche unserer Erde unbewohnbar macht. Wir sollten keine Nuklearwaffen produzieren, weil wir eine sorglose und unzuverlässige Rasse sind. Wir sollten keine Kriege führen; schließlich gibt es vernünftigere Methoden, Meinungsverschiedenheiten zu regeln. Wir sollten nicht … sollten nicht … sollten nicht … Und wir sollten, sollten, sollten …

Ich saß auf einer Landspitze über Sidney und sah zu, wie sich der Himmel über dem Hinterland verdunkelte, als ob Wolken von Heuschrecken aufgezogen wären. Jedenfalls glaubte ich, Heuschrecken zu sehen, weil ich in meiner Jugend oft beobachtet hatte, wie der niedrige dunkle Streifen am Horizont immer größer und breiter wurde, bis der halbe und dann der ganze Himmel bedeckt war – doch es war Staub, es war die Erde von Tausenden von Farmen, die der Wind über Sidney ins Meer wehte, Millionen Tonnen Ackerboden, für immer verloren, weil die Wälder abgeholzt werden. Australien hat ein Drittel seiner Bäume gefällt, obwohl es wusste, und das weiß inzwischen jeder, dass dadurch Wüsten entstehen.

In diesem Jahr haben wir das Unglück von Tschernobyl erlebt und die Vergiftung des Rheins durch die Schweiz: beides Katastrophen von der Art, die Kassandra, anders als die Experten, mit Sicherheit vorausgesehen hätte. Und sie werden wieder geschehen. Und wieder.

Vor kurzem hat Paul Erlich (einer von denen, die vor dem nuklearen Winter warnen) gesagt, dass wir (die Menschheit) uns die wichtige Frage stellen müssten, »warum wir weiterhin Dinge tun, die uns, wie wir alle wissen, schaden, vielleicht sogar unverantwortlich sind? *Was ist nur los mit uns?*« Natürlich haben sich auch andere diese Frage gestellt, unter anderem Arthur Koestler.

Es ist eine amüsante Vorstellung (weil sie so unwahrscheinlich ist), dass sich die Nationen zu einer Geheimkonferenz versammelt und beschlossen hätten, für die Dauer der Beratung alle Parolen und Schlachtrufe und das Ringen um bessere Positionen zu vergessen, um darüber zu diskutieren: »Was ist los mit uns, wieso sind wir so verbohrt, dass wir nicht auf Kassandra hören können? Es ist, als ob die Welt, als ob wir, von einem Sog der Dummheit mitgerissen würden, der zu stark ist, um ihm zu widerstehen, und all die schrillen, verzweifelten Warnrufe sind wie Möwen, die glitzernd über dem Schauplatz kreisen, herabstoßen und wieder wegfliegen, während sie schreien: Sicher muss es etwas geben, das wir alle, gemeinsam, tun können; vielleicht können wir lernen zuzuhören…«

Wahrscheinlich hat man Kassandra vor dem großen Palast Agamemnons nicht nur deshalb ermordet, weil sie die Geliebte des Königs war, sondern auch weil alle wussten, dass sie immer wieder Unheil und Unglück prophezeien würde, das niemand hören wollte. Sie wussten, dass sie nicht anders konnten.

Aber warum können wir nicht anders?

Wir wissen es nicht.

Velikowsky hat gesagt, als man ihn fragte, warum man sich an all die entsetzlichen Katastrophen, die er als Grundzug unserer Geschichte beschrieben hat, überhaupt nicht erinnere oder, wenn doch, nur als Legenden oder Mythen: »Wir vergessen Katastrophen. Wir können die Erinnerung an die schlimmsten Ereignisse nicht ertragen – wenn Planeten oder Meteore mit uns zusammenstoßen, sich das Klima plötzlich verändert, der Meeresspiegel steigt und ganze Städte und Zivilisationen unter sich begräbt…«

»Nun mach aber halblang«, dachte ich, als ich Velikowsky las. »Wir – und vergessen! Während unsere Geschichtsbücher voll von Katastrophen sind – Kriegen, Hungersnöten, Epidemien. Wir erinnern uns nicht nur an das, was geschehen ist, sondern oft mit einer Art von erquicklicher Befriedigung, mit Wohlbehagen, einem feierlichen Orgelton. Du sagst, wir vergessen? Wie willst du das beweisen?«

Nun, machen wir uns doch einmal Folgendes klar. Im Ersten Weltkrieg gab es vier Millionen Tote. Das war noch bescheiden, verglichen mit den Gräueln, die folgen sollten, und zwar sehr bald. Den sieben bis neun Millionen Opfern aus Stalins Zwangskollektivierung der russischen Bauern. Den zwanzig Millionen (oder so) Ermordeten in Stalins Gulags. Den zwanzig Millionen (oder so) des Großen Sprungs nach vorn. Den sechzig Millionen (oder so) der Kulturrevolution. Aber das waren bewusste Morde, politisch geplant und ausgeführt. Die vier Millionen des Ersten Weltkriegs waren nicht geplant, nicht gewollt; sie passierten einfach. Zu jener Zeit war das schrecklich, unfassbar, fürchterlich – ganz Europa war von den Todesfällen betroffen und spürte vielleicht, dass sie den Beginn unseres Niedergangs andeuteten. Man erkannte die Möglichkeit, dass Katastrophen von Menschen gemacht wurden, mit Unbehagen und bösen Vorahnungen. Doch als der Krieg zu Ende ging, mit seinen vier Millionen Toten, brach ein noch größeres Unheil über die Erde herein, die Grippeepidemie, die die ganze Welt verwüstete und neunundzwanzig Millionen Menschen umbrachte. Die Jahre 1918, 1919, 1920, mit dieser großen Epidemie, den vielen Flüchtlingen, Krüppeln, der Verwüstung, der vom Krieg verursachten Armut, waren entsetzlich. Die Menschen starben. Sie starben wie die Fliegen, weit über die vier Millionen hinaus, an die wir uns seitdem erinnern. Niemand konnte erklären, warum diese schwere Grippeepidemie ausbrach. Gleichzeitig verbreitete sich auch eine Schlafkrankheit, ebenso rätselhaft, wenn auch weniger Menschen daran starben. (An diese Seuche erinnerte lange Zeit danach, als sie schon von allen vergessen war, Dr. Oliver Sacks' Buch *Awakenings*, das von den Menschen erzählt, die die Krankheit mehrere Jahrzehnte überlebten.) Der Erste Weltkrieg bleibt uns immer im Gedächtnis, wird diskutiert und analysiert. Geschichtsbücher werden über ihn geschrieben, einmal im Jahr stehen wir still und trauern. Aber die große Grippeepidemie, die siebenmal mehr Menschen getötet hat, wird nur selten erwähnt.

In *The Chronology of the Modern World* (Penguin) lautet der Eintrag für 1918 »Grippeepidemie (Mai, Juni und Oktober)«. Und der Eintrag für 1919: »Schwere Grippeepidemie (März)«. Jemand, der dieses Nachschlagewerk durchblättert, um etwas über das Fortschreiten der menschlichen Geschichte zu erfahren, muss über diese beiden Einträge nicht groß nachdenken. Wir haben jedes Jahr eine Grippeepidemie. Wir erleben sogar »schwere« Seuchen. Unser Blick fällt vielleicht auf die Schlagzeile »Schwere Grippeepidemie in den Midlands, 79 Menschen gestorben«. Aber neunundzwanzig Millionen Menschen? Das würde man nie vermuten, weder nach diesem noch einem anderen Buch.

Kürzlich drehte ein begabter junger Mann einen Film über das Jahr 1919 und bat mich, ihn mir anzusehen. Ich fragte sofort: »Ach, über die große Grippeepidemie?« »Was für eine Grippeepidemie?«, erwiderte er. Er hatte nie davon gehört. Hochgebildete Menschen wissen nichts über jene dreijährige Plage, von der sogar die uralten Überlebenden mit dem verblüfften Ausdruck sprechen, der gewisse Katastrophen begleitet, die scheinbar keine Ursache haben, nicht verhindert werden konnten und nicht vorherzusehen waren – die im allgemeinen Bewusstsein verblassten und schnell vergessen wurden.

Vielleicht sollten wir uns fragen: »*Warum* haben wir dieses schreckliche Unglück vergessen?« »Was für Katastrophen haben wir sonst noch verdrängt?« »Warum lähmen bestimmte Arten von Unglücksfällen den menschlichen Geist?«

Man liest Bücher über den Rückzug Napoleons aus Moskau und findet kein Wort darüber, dass die meisten Soldaten an Typhus, Ruhr und Cholera gestorben sind. Der General Schnee und Eis hingegen wird häufig erwähnt. In vielen Kriegen waren die entscheidenden Kräfte Typhus, Ruhr und Cholera, sogar der Schwarze Tod. Doch in den Geschichtsbüchern spielen sie kaum eine Rolle.

Liegt das daran, dass es Katastrophen gibt, denen wir uns geistig gewachsen fühlen, anderen jedoch nicht? Können wir uns an das erinnern, wofür wir uns verantwortlich fühlen, wie den Krieg? Und bedeutet das nun, dass wir uns, wenn wir es lernen, Ursache und Wirkung miteinander zu verknüpfen, an immer mehr erinnern werden?

Kassandra hätte vor dieser Grippeepidemie nicht warnen können oder könnte heute nicht warnen, indem sie sagte: »Wenn ihr dumm genug seid, Kriege zu führen, werden Epidemien ausbrechen.« Grippe und Schlafkrankheit folgten dem Ersten Weltkrieg, doch nach dem Zweiten Weltkrieg, Korea, Vietnam, Kambodscha oder irgendeinem der kleineren Kriege gab es keine weltweiten Seuchen.

Ich habe alte Leute sagen hören, die sich an die Spanische Grippe erinnerten: »Gott hat uns für das Verbrechen des Kriegs bestraft.« Doch Gott bestraft manchmal und manchmal auch nicht.

Epidemien können wir nicht voraussagen – doch einige Katastrophen stehen uns mit Sicherheit bevor.

Seit nicht allzu langer Zeit haben wir uns daran gewöhnt, über das Ansteigen und Sinken der Meeresspiegel zu reden, was in der Vergangenheit, jedes Mal, wenn es geschah, alle überrascht hat. Und wir werden wieder davon überrascht werden, da wir anscheinend nichts dazugelernt haben.

Versuchen wir doch einmal zu sagen: »Uns erwartet eine neue Eiszeit: Wissenschaftler meinen, dass sie nächste Woche oder in tausend Jahren beginnen kann. Eigentlich (so sagen sie) ist eine Eiszeit längst fällig. Die ganze Geschichte, die Geschichten, die wir einander erzählen, von Ägypten bis Babylonien, von China bis zu den großen Zivilisationen auf den Inseln vor den Küsten Nordeuropas – all das ist in der kleinen, kurzen, warmen Spanne zwischen zwei gewaltsamen Vorstößen des Eises geschehen, das den größten Teil Europas bedeckte, das Klima der restlichen Erdteile beeinflusste, die ganze Welt veränderte. Wenn das wieder passiert, werden wir machtlos sein. Wie sollten wir denn in wärmere Teile der Erde flüchten, die bereits von Menschen überfüllt sind, die dann mit den Schwierigkeiten kämpfen müssen, sich an die neuen klimatischen Verhältnisse anzupassen? Nein, es wird unser sicherer Untergang sein. Das Eis wird unsere Städte bedecken, unsere Errungenschaften, unsere Zivilisationen, unsere Gärten und unsere Wälder, unsere Felder und Obstplantagen; es wird auch uns bedecken… Wer weiß, in welcher Form die Zivilisationen überleben werden, wenn sie überleben, und wie das Leben zurückkehren wird, wenn sich das Eis wieder zurückzieht und die Tundren und Dauerfrostböden Europas freilegt…«

Nun – was geschieht, wenn wir einfach sagen: »Uns steht eine neue Eiszeit bevor!« Es ist, als ob die Menschen nichts davon hören wollen. Wenn es die Wissenschaftler aussprechen, reagieren wir fast verlegen wie auf eine Geschmacklosigkeit oder lästige Störung.

In der Geschichte Kassandras gibt es Stellen, wo man den Eindruck hat, die Menschen wollen die Wahrheit nicht wissen: als ob (wie es manchmal formuliert wird) »die Götter sie blind für die Wahrheit machten«.

Da gibt es diese komische Szene in der großen Halle von Priamos' Palast. Dort steht das hölzerne Pferd, das nach langer Diskussion durch das Stadttor gezogen wurde – das vergrößert werden musste, damit das Ungetüm hindurchpasste. Nun ist es geschafft. Von innen kann man das Geräusch der klirrenden Rüstungen hören. Kassandra ruft wie zu erwarten: »Wehe! Dort drinnen befinden sich bewaffnete Männer.« Aber die Optimisten setzen sich durch. »Das sind keine Geräusche bewaffneter Männer«, können wir sie vernünftig und lächelnd argumentieren hören. »Und wenn, dann wollen sie uns bestimmt nichts Böses. Es ist ein Fehler, die Dinge immer nur schwarzzusehen.« Unterdessen ging noch etwas anderes vonstatten. Kassandra war nicht allein bei dem Pferd. Helena war bei ihr. Helena war keine Prophetin oder Seherin, aber sie wusste, dass die Griechen in diesem Pferd waren, weil sie sie hören konnte. Sie schlenderte um das Pferd herum, klopfte zum Spaß an seine Flanken und rief die Männer in seinem Bauch mit der

Stimme ihrer Gemahlinnen beim Namen. Was hat dieser flüchtige Eindruck von Helena mit der Schönheit aus der Legende zu tun, die so viel Leid ertragen musste? Sie wurde von ihrem Gatten Deiphobus begleitet, einem schattenhaften Charakter, von dem man sich höchstens vorstellen kann, dass er mit Helena verehelicht wurde, um aus ihr eine ehrenhafte Frau zu machen. Erinnern wir uns, dass sie Achilles, Theseus, Menelaos, Paris geheiratet hatte (was immer das Wort »verheiratet« damals bedeutete). Ganz Troja war in sie verliebt, und die Graubärte zitterten, wenn sie sie verschleiert auf den Zinnen wandeln sahen.

Sie berieten sich und bestimmten einen aus ihren Reihen, zu ihr zu gehen und zu sagen: »Nun, sieh es doch einmal von unserer Warte aus. Es ist eine Frage der öffentlichen Ordnung. Du brauchst einfach einen Ehering am Finger.« Er sprach mit der rauen, ärgerlichen, depressiven Stimme, die Männer bekommen, wenn sie von einer Frau angezogen werden, aber sich dagegen wehren, und Helena lachte und sagte: »Ganz wie ihr wollt.«

Kurz nach der Episode mit dem Holzpferd stellte sie ein Licht ins Fenster, um jenen Griechen ein Zeichen zu geben, die sich noch nicht in der großen Halle befanden und darauf warteten, herauszuspringen und ihre Freunde, Liebhaber, Gastgeber umzubringen, mit denen sie seit Jahren friedlich zusammenlebte. Odysseus und Menelaos töteten Deiphobus, ihren liebevollen Gatten; danach ging sie mit Menelaos nach Ägypten.

Die Götter machten die Menschen während der Episode mit dem hölzernen Pferd blind für die Wahrheit. Aus irgendwelchen unerfindlichen Gründen, die nur ihnen bekannt gewesen sein dürften.

Oder sollen wir annehmen, dass eine beträchtliche Zahl von Menschen das Leben in Troja so wenig schätzten oder von der Anspannung des Wartens so erschöpft waren (ein

Krieg bedeutet immer, auf die Katastrophe zu warten, zu warten und noch einmal zu warten), dass sie einfach ein Ende wollten? Ein Ende um jeden Preis.

Vielleicht kam auch vielen die ganze Sache einfach lächerlich vor. Worum ging es denn in diesem Krieg? Wenn Griechenland so schrecklich war, wieso bekam Kassandra dann zwei Kinder vom griechischen König, Kinder, von denen man erwarten konnte, dass sie Teil einer herrschenden Klasse werden, die beide Staaten regieren und den Kampf schließlich beenden würde?

Und Helenas Kinder? Hatte sie überhaupt welche? Sicher doch. Sie war einfach der Typ dafür. Sie mochte vielleicht göttlich sein, aber in ihrer irdischen Existenz war sie eine berühmte Heilerin. Ich stelle mir eine praktische, vernünftige und starke Frau vor, die von Kindern und Tieren umgeben in ihrem Gemüsegarten oder in der Küche werkelt und die Mägde anweist, Tränke und Elixiere zu brauen. Sie lachen und erzählen einander Witze, die nicht für die Ohren der Männer bestimmt sind.

Oder sie ist mit Kassandra auf den windigen Zinnen, während das hölzerne Pferd immer noch in der großen Halle steht. Die Männer in seinem Innern werden bald herausspringen. Helena hat Kassandra aus dem Saal auf das Dach des Schlosses geführt, weil sie denkt, dass der armen, aufgewühlten Kreatur etwas frische Luft gut tun wird.

Kassandra ist hysterisch und lässt sich nicht beruhigen.

Da steht sie nun auf den Zinnen, zitternd, weinend, ein erbarmungswürdiger Anblick. Kassandra und Helena sind physisch sehr verschieden. Die trojanische Frau ist dieser dünne, blasse, zierliche Typ mit großen schwarzen Augen und Massen von feinem schwarzem Haar, das im Schatten trüb und farblos wirken kann, aber jetzt, in der Sonne und dem Wind, wie dunkles Öl glänzt und schillert.

»Oh Helena«, jammert sie, »wenn ich Apollon nur nicht

betrogen hätte, wenn ich nur nicht durchgedreht wäre, wenn ich nur von den Göttern gelernt hätte, wann man sinnvollerweise sprechen sollte und wann nicht – wenn ich nur, wenn ich nur... aber ich wollte unbedingt eine Seherin werden, eine Prophetin, und das ist nun daraus geworden. Ich bin verdammt dazu, mir mein langes, wirres Haar zu raufen und Warnungen zu rufen, die niemand beachtet – sieh doch nur, was jetzt passiert: Das hölzerne Pferd ist voller Griechen, sagt mir mein sechster Sinn, und wer wird mir glauben? Niemand! Es ist alles meine Schuld... wenn ich nur mein Versprechen gehalten hätte, dann hätte es vielleicht keinen Krieg gegeben, kein schwarzes griechisches Schiff vor der Landzunge mit bewaffneten Männern an Bord, die jeden in diesem Palast töten und alles dem Erdboden gleichmachen werden...«

So wütet sie und rauft sich mit beiden Händen die Haare.

Helena lehnt sich mit einem Ellbogen auf die Zinnen und sieht die Freundin an. Sie lächelt. Sie lächelt gedankenverloren, weil sie überlegt, ob es nicht besser wäre, wenn sie ihr goldenes Haar, üppig und glänzend, offen auf die Schultern herabfallen ließe. Sie trägt es hochgesteckt, zu komplizierten oder einfachen Gebilden geformt; und sie und die Mägde, die sie frisieren, wissen, während sie ein Lächeln tauschen, dass jeder Mann, der sie an diesem Tag erblickt, davon träumen wird, diese goldene Masse langsam zu lösen, Locke für Locke... Nein, sagt sich Helena, es war richtig, es immer ordentlich frisiert zu tragen; ihr Haar war schwer und dick und würde nie wild herumfliegen wie Kassandras leichtes, feines Zeugs.

Helena hört Kassandra mit halbem Ohr zu. Sie wendet sich von ihr ab und schaut zu den schwarzen Schiffen hinaus, die langsam näher kommen und bald an der Küste liegen und noch in dieser Nacht, sobald es dunkel ist, ihre Ladung bewaffneter Männer ausspucken werden. Sie ist eine attraktive, starke Frau, üppig und gesund, von einer Anziehungskraft, die man nicht nur mit ihrer äußeren Erscheinung erklären kann: groß, kräftig, gut gebaut, mit goldenem Haar und braunen Augen (und so weiter). Selbst jetzt noch, wo sich die meisten Bewohner des Palasts in ihren Schlafzimmern eingeschlossen haben und weinen – weil nicht alle blind und taub sind und offenbar unfähig, die Geräusche im Innern des Pferds mit dem kommenden Gemetzel, den Vergewaltigungen und Verwüstungen zu verbinden –, achtet Helena darauf, ihr Gesicht zu verschleiern und ihren schönen Arm mit den Falten ihres weißen Gewandes zu bedecken – sie weiß, dass ihre Schönheit durch Verhüllung betont wird und noch betörender wirkt, wenn man sie nur leise ahnt. Schließlich könnte sich jemand hinter einem Stützpfeiler oder Ähnlichem verbergen und sie beobachten.

Es geht ihr langsam auf den Geist, wie Kassandra wütet und tobt, auch wenn sie diese Frau mag. Was für eine Egoistin! Was für eine Ich-Bezogenheit! Sie regt sich buchstäblich über jede Kleinigkeit auf. Nehmen wir zum Beispiel diese Schlangen: Sie, Helena, schleicht sich oft zu einem der vielen Tempel in der Nähe von Troja, um ihre Götter zu besuchen (ihr Fleisch und Blut), wo sie natürlich die heiligen Schlangen begrüßen, sich um ihren Hals und ihre Arme winden, ihr die Augenlider und Lippen lecken und die neuesten Nachrichten aus jener anderen Welt zuzischen, die unsichtbar über uns allen liegt – aber man muss ja nicht ständig darauf herumhacken, wie es Kassandra tut …

Kassandra ruft immer noch: »Blut, Blut, ich sehe Blut …«

Natürlich, denkt Helena, und fragt sich, ob Menelaos sie dort oben auf den windigen Türmen sehen kann.

Sie lächelt und fängt leise an zu singen: ein altes Lied, das ihr gefällt. Helena weiß nicht, wann es entstanden ist, genauso wenig wie die Einwohner Trojas oder Griechenlands, die dieses Lied lieben und es auch oft summen.

Es gibt eine Geschichte, die erzählt, dass Troja schon früher einmal erobert und geplündert wurde, und Helena nimmt an, dass das Lied aus dieser Zeit stammt.

Schließt die Tore, Männer von Troja (oder Griechenland, Sparta oder wo auch immer).

Die schwarzen Schiffe des Feindes sind nah.

Wie Wölfe laufen sie auf uns zu,

schwarze Wölfe mit schimmernden Zähnen… Tatsächlich war Troja schon sechsmal erbaut, belagert und dem Erdboden gleichgemacht worden. (Homers Stadt war das siebte Troja.) Helena weiß nicht, dass sich diese wiederholten Katastrophen zu einer einzigen verdichtet haben. In diesen Ländern gibt es keine schriftliche Überlieferung; die Menschen erinnern sich durch Geschichten, Lieder und das, was eine Generation an die nächste weitergibt: »Hört zu, Kinder, ich singe euch von der Vergangenheit, der Vergangenheit unserer glorreichen Stadt Troja, dem windumtosten Juwel an diesen Küsten, in der jeder Mann tapfer und jede Frau eine Schönheit ist. Hört zu – wir waren glücklich und reich und lebten in Frieden, doch dann bogen die bewaffneten schwarzen Schiffe um die Landspitze, und unsere Feinde fielen wie Wölfe…« Und plünderten die Stadt. Einmal. Nicht sechsmal, nicht zu verschiedenen Zeiten. Wirklich schwierig, sich daran zu erinnern, dass dieses Ereignis zum x-ten Mal geschah. Wie wenn unsere ruhmreichen Vorfahren keinen Funken Verstand gehabt hätten, oder jedenfalls nicht genug, um dafür zu sorgen, dass es nicht noch einmal geschah. Und noch einmal. Man sollte doch meinen, dass einmal genug gewesen wäre, oder?

Nein, Troja wurde nur ein einziges Mal erobert, erzählen uns all unsere Geschichten und Legenden. Es wurde geplündert, o weh, ojemine, und die schwarzen Schiffe…

Wie hätte Helena reagiert, wenn man ihr gesagt hätte: »Troja, die Stadt, wo du seit zehn Jahren gefangen gehalten wirst, ist schon sechsmal geplündert und geschleift worden. Was sagst du dazu?« Sie begreift es nicht sofort. Die Zeit, die vor ihr war, öffnet sich; die Vergangenheit wird undeutlich sichtbar und dehnt sich aus – sie kann das Ende nicht erkennen. Bis zu diesem Augenblick hat sie fast geglaubt, dass die Vergangenheit nur so weit wie ihr eigenes Leben reichte. Sechsmal, denkt sie und fühlt die Zinnen unter sich erbeben. Sechsmal hat sich diese Stadt aus dem Staub früherer Städte erhoben… *als es mich noch gar nicht gab.* Sie bekämpft ihre Panik, zwingt sich zu einem Lächeln und nickt: Ja, so ist das Leben. Ist denn in meinem Leben je etwas geschehen, das von Dauer war, das nicht vom Krieg verursacht und dann verändert wurde? – Nein, eigentlich ist sie nicht überrascht.

Und dann stelle man sich vor, wie man weiter sagt: »Helena, nach dieser, der siebten Zerstörung Trojas, wird es sich wieder erheben und noch dreimal belagert und dem Erdboden gleichgemacht werden: Und nach dem zehnten Mal wird es nichts weiter als ein Schutthaufen sein, den der Wind mit Staub bedeckt.« Das trifft sie ungleich härter. Sie hat wirklich das Gefühl, dass ihr kräftiger und schöner Körper unsterblich ist, auch wenn ihr der Verstand das Gegenteil sagt. *Noch drei weitere Male, und ich werde nicht mehr da sein, nicht mehr daran beteiligt sein…* Sie schaudert, fröstelt in dem heißen Sonnenlicht, das ein wenig abkühlt, als die Nacht heranrückt, in der das siebte Troja in Flammen stehen wird. Aber es fällt ihr zu schwer, sich mit der plötzlichen Erkenntnis ihrer Sterblichkeit abzufinden. Sie lässt sie fahren und denkt, während ihr gesunder Pulsschlag wieder langsam und ruhig wird: Trojas Tod mag nahe sein, meiner noch lange nicht.

Ein langes, langes Leben liegt noch vor ihr, dessen ist

sie sich sicher. Schon bald beginnt eine neue Phase. Heute
Nacht. In ein paar Stunden.

»Die schwarzen Schiffe liegen in der Meeresstraße vor
Troja«, rast Kassandra, und ihr schwarzes Haar flattert im
Wind. »Oh, die Toten, die Toten, die sich hier auf diesen
Zinnen häufen werden, oh, das Blut, das in Strömen aus
den Portalen meines Vaters Palastes fließen wird... herrje,
herrjemine...«

Helena seufzt und wendet ihr schönes Haupt. Sie sieht
Kassandra lange an und lächelt. Ein langsames, dunkles
Lächeln, voller Erinnerung. Sie denkt an die Nacht, als
man sie aus dem Palast ihres Vaters raubte und hierher brachte – die Aufregung, das prickelnde Gefühl. Sie
denkt, dass sie die Lampe in ihrem Schlafzimmerfenster
anzünden wird, sobald es richtig dunkel ist. In Kürze werden in diesem Palast, in dem jetzt alles totenstill ist, vor
Entsetzen erstarrt, die Rufe der Männer ertönen, die aus
dem hölzernen Pferd in der Halle purzeln, das Klirren
ihrer Rüstungen, das Geschrei und der Lärm der anderen
Griechen, die aus den schwarzen Schiffen vom Ufer zum
Tor hinaufstürmen, das bereits von den Händen ihrer
heimlichen Verbündeten aufgezogen wird. Der Aufruhr!
Die Schreie, die *Schreie,* die das Blut gerinnen lassen! –
und dann der bittere Geruch des Rauches und das Knis-
tern der Flammen. Sie wird gelassen aus ihrer Kammer
treten, über die Leiche ihres Gatten steigen und Menelaos und Odysseus anlächeln – die Männer, die ihn getötet haben. Der Blutgeruch wird ihr Herz schneller schlagen lassen und ihre Pupillen weiten. Wenn sie mit den
beiden Griechen über eine Geheimtreppe aus dem Palast
an den Strand und zu den Schiffen läuft, wird sie Odysseus kurz die Hand geben und Menelaos' Mund leicht mit
den Lippen berühren: Er wird stöhnen, Odysseus wird
lachen...

Helena wird sich lächelnd mit der Zunge über die Lippen fahren.

Dieses Lächeln... Kassandra sieht es. Sie weiß, was es bedeutet, und betrachtet Helena aufmerksam, wie sie dort steht und lächelt. Kassandra hört auf zu jammern. Sie starrt diese Frau lange und schweigend an, Helena, ihre Freundin, ihre Feindin. Sie schaudert. Sie verbirgt ihr Gesicht.

ZWEITER TEIL

Der Wind weht unsere Worte fort

Anmerkung der Autorin

Russland dehnt sich seit Jahrhunderten nach Süden aus. Seine Bestrebungen, Afghanistan zu erobern oder zu beeinflussen, haben weit vor der Revolution von 1917 begonnen. »Das Große Spiel« – das Tauziehen darum, wer Afghanistan beherrschen sollte – wurde im neunzehnten Jahrhundert zwischen zwei mächtigen Reichen ausgetragen: Großbritannien und Russland. Dreimal besiegten die Afghanen die Briten und drängten sie zurück. Nach der Revolution von 1917 eroberte die Sowjetunion mehrere benachbarte muslimische Staaten, bis sie sich eine gemeinsame Grenze mit dem Iran und Afghanistan geschaffen hatte. Die Afghanen betrachten die Invasion ihres Landes als Teil einer seit langem geplanten und fortdauernden Expansion nach Süden. Die Sowjetunion war während der Herrschaft Zahir Schahs zur Zeit der Daud-Machtübernahme an Intrigen beteiligt und während des kommunistischen Staatsstreichs von 1978.

Es war 1979, als die Menschen aus Afghanistan in den Iran und nach Pakistan flohen und der Widerstand gegen die Kommunisten begann, die man als Strohmänner Russlands ansah. Es war klar, dass die Marionettenregierung von Nur Mohammed Taraki nicht überleben konnte, und die Sowjetunion marschierte mit 100 000 Mann ein. Der Widerstand – von den Afghanen »Dschihad« genannt, der Heilige Krieg – wuchs; ganz Afghanistan erhob sich gegen die Russen, die mit hoch entwickelten und wirksamen Waffen antworteten: MI-24-Helikoptern, MIG-Jets, Panzern, schwerer Artillerie. Die schrecklichsten Waffen sind die Streubomben, als Spielzeug oder Obst getarnt. Die Krankenhäuser von Pakistan sind voller Kinder, denen Hände oder Füße abgerissen wurden.

Der Widerstand erlahmte nicht. Obwohl sie am Anfang keine Waffen hatten außer denen, die sie von den Russen erbeuten konnten, haben die Krieger, die als die Mudschahidin bekannt wurden, nie aufgehört zu kämpfen, auch wenn einige westliche Journalisten nicht müde wurden, immer wieder zu behaupten, dass der Krieg vorbei sei und die Mudschahidin ihn verloren hätten. Die meiste Zeit über haben die Mudschahidin ohne Hilfe von außen gekämpft, auch wenn sie in letzter Zeit mehr Waffen bekommen haben – doch niemals genug und nicht so viele, wie die westlichen Mächte, besonders Amerika, behauptet haben. Einige der ungewöhnlichsten Schlachten unserer Zeit sind zwischen Armeen mit modernen Panzern und zerlumpten Männern, Frauen und Kindern ausgetragen worden, die mit selbst gebastelten Granaten, Schleudern, Steinen, uralten Gewehren ausgerüstet waren – und die Afghanen haben gewonnen, wieder und wieder. Die Mudschahidin haben sogar Hubschrauber mit Handgranaten, die an Drachen befestigt waren, abgeschossen.

Wunderschöne Landschaften Afghanistans sind zu Wüsten geworden, alte Städte voller Kunstschätze den Bomben zum Opfer gefallen. Einer von drei Afghanen ist jetzt tot, im Exil oder lebt in einem Flüchtlingslager. Und die Welt schaut weiterhin zum großen Teil gleichmütig zu.

Wie ein Kommandeur der Mudschahidin, der berühmte

Abdul Haq, sagte: »Bitter ist nur, dass wir am Anfang die ganze Welt an unserer Seite glaubten; jetzt wissen wir, dass wir allein sind.«

Ich bin seit einigen Jahren mit dem Kampf in Afghanistan durch Afghan Relief verbunden, eine ungewöhnliche Hilfsorganisation, die kein Geld für die Verwaltung oder Verteilung ausgibt. Jeder gespendete Pfennig geht an die Flüchtlinge. Im September 1986 besuchte ich zusammen mit anderen Menschen, die für Afghan Relief arbeiteten, die Flüchtlingslager in Pakistan.

*

Im Büro der Air Pakistan am Piccadilly Circus begann das Abenteuer der Fremde, denn dort saß ich ungefähr eine Stunde und beobachtete, was sich meinen Augen darbot: zumeist ganz gewöhnliche pakistanische Familienverbände, die ihren Heimaturlaub antreten wollten. Jede Sippe schuf sich in dem öffentlichen Büro ihren privaten Raum. Die Frauen wirkten beileibe nicht unterdrückt und wiesen die Männer an, dies oder das zu tun. An den Schaltern saßen junge Frauen und Männer; die Frauen hätten alle Miss World werden können. Anders als die beflissenen, kumpelhaften Mädels aus dem Westen blieben sie ihrer weiblichen Natur treu und versanken dann und wann in ihren unerforschlichen persönlichen Gedanken – Seufzer, Schmollen und beleidigte Gesten inbegriffen –, selbst wenn sie ein Ticket ausstellten. Und dann der Schleier, dieser Hauch von einem Nichts, der immer zurechtgerückt wurde, verrutschte, entglitt und erneut der Zuwendung bedurfte.

In Heathrow hatte das Flugzeug zwei Stunden Verspätung, und wir lernten einander kennen, soweit das in solchen großen Gruppen möglich ist. Die Familienverbände bewahrten ihre Form, aber nicht mehr so geschlossen: Männer standen in Grüppchen beieinander; Frauen saßen zu zweit oder zu dritt zusammen, schwatzten und riefen ihre Kinder, die sich langweilten und überall herumrannten. Wir waren drei Weiße, darunter zwei Skandinavier mittleren Alters, die für die Hilfsorganisationen arbeiteten: Sie hatten den geduldigen Blick oft erprobter Wohltätigkeit. Wir beäugten uns – natürlich höflich. Mir ging zum Beispiel durch den Sinn, dass weiße Menschen unauffällig, matt und glanzlos wirken, wenn sie sich inmitten dieser lauten, bunt gekleideten Leute befinden. Jede pakistanische Frau, egal, welchen Alters, trug den leichten, meist transparenten Schleier um ihre Flechten geschlungen, und ich sah kunstvoll lackierte Hände den schönen Gaze- und Chiffonstoff ordnen, um einen wohl kalkulierten Teil von Haaren, Gesicht und Hals zu enthüllen.

In der Schlange vor dem Flugzeug erzählte mir ein kichernder pakistanischer Teenager, dass sie mit ihrer Schwester einen Monat lang in Schottland gewesen und jede Nacht ausgegangen sei. Wohin denn? Zu McDonald's, sagte sie, und ins Kino – was für sie exotische Genüsse waren, wie ich bald feststellen konnte. Sie wollte nicht nach Haus zurück. Trotzig ging sie ohne Kopfbedeckung und starrte die Männer an, die sie ignorierten.

Als das Flugzeug schließlich abhob, wurden die Schuhe ausgezogen, die Schleier gelockert, und wir hatten uns bald in eine fliegende Karawanserei verwandelt, was in der British Airways zum Beispiel kaum vorstellbar gewesen wäre. Was hätte ich doch für eine schöne Zeit haben können, doch leider geschah das, was fast immer geschieht, wenn ich fliege. Als ich kürzlich nach Perth reiste, kam ich neben einer winzigen alten Frau zu sitzen, die ganz in dörfliches Schwarz gekleidet war und sonst wohl eher Schafe hütete oder einen Esel über einen Bergpfad trieb. Vor der Brust trug sie ein Schild, auf dem die Reiseroute stand, die sie nehmen sollte, um ihren Neffen in Sydney zu besuchen, und dass wir ihr doch bitte alle helfen mögen. Unterschrieben mit: Das jordanische Rote Kreuz. Selig lächelnd schwatzte sie munter drauflos, obwohl sie wusste, dass ich kein Wort verstand. Wollte sie mir etwas Wichtiges mitteilen? Verschiedene Arabisch sprechende Menschen wurden herbeigeholt, die alle sagten, dass sie einen ihnen unbekannten Dialekt sprach. Falls sie uns ihren Kummer mitteilen wollte, so konnten wir nichts tun; sie redete immer weiter. Wenn ich müde wurde, legte ich ihr sanft die Hand über den Mund und schloss die Augen. Dann schwieg sie volle zehn Minuten, bis sie mich in die Rippen boxte, lachte und erneut loslegte. So ging das die ganzen zwanzig Flugstunden über, an Abu Dhabi und Singapur vorbei. Ein freundliches kanadisches Paar wechselte sich mit mir beim Zuhören ab. War sie verrückt? Keineswegs, nur entschlossen, den Becher des Lebens bis zur Neige auszukosten.

Auf dem Flug nach Pakistan wurde mein Fensterplatz von einer energischen Matrone beansprucht, mit der ich mich lieber nicht anlegen wollte. Zwischen ihr und mir saß ein winziger, seniler alter Mann, vermutlich ihr Vater, der immer wieder einnickte. Dabei sank sein Kopf seitwärts auf ihre Schulter, und sie stieß ihn unsanft in meine Richtung. Wenn sein Kopf dann auf meiner Schulter ruhte, drückte ich ihn wieder auf die ihrige. Wir beide sahen uns nicht an, wir schoben nur während des ganzen Flugs seinen Kopf hin und her. Wenn er wach war, unterhielt sie sich fröhlich mit ihm. Sie hatten sich viel zu erzählen. Manchmal wanderte seine Hand auf meinen Schoß oder mein Tablett, dann legte ich sie auf seinen Schoß zurück.

Im Flughafen von Islamabad mussten wir am Zoll warten, weil eine Familie so viele Sachen mitbrachte, dass sie damit ein großes Haus hätte einrichten können. Die Frau kommandierte ihren Mann und ihre Söhne in einem hohen Befehlston herum. Neben mir machten die Mitarbeiter der Hilfsorganisation, die sich als Dänen entpuppten, sachkundige Bemerkungen darüber, wie viel diese Familie dem Beamten bezahlen musste: Sie rechneten wahrscheinlich damit, einen der Fernseher los zu werden, meinten die Helfer Das Paar war auf dem Weg nach Gilgit, einem romantischen Ort; doch weil dort oben schlechtes Wetter herrschte, mussten sie ein oder zwei Tage auf einen Flug in die Berge warten.

Bis zum Abflug nach Peschawar waren es noch fünf Stunden Wartezeit. Ich setzte mich in das Restaurant und beobachtete ein typisches Beispiel des gesellschaftlichen Lebens der Stadt; denn die Leute kamen hierher, um sich zu amüsieren, weil sie im puritanischen Pakistan dazu nur wenig Gelegenheit hatten. Zu dieser Zeit war nur eine gemischte Gruppe anwesend: zwei junge Männer, ihre Frauen und ihre Kinder; ansonsten saßen Männer und Frauen getrennt. Die jungen Männer verhielten sich ruhig, tranken sehr starken Tee, aßen Kekse und unterhielten sich. (Ist dieses Gebräu aus konzentrierter Gerbsäure, Milch und Zucker in Indien entstanden und von den Beamten der Kolonialregierung nach Großbritannien eingeführt worden? Oder wurde es auf der Insel erfunden und danach in Indien heimisch, wo es bis heute überlebt hat, während es in Großbritannien langsam aus der Mode kommt und durch Kaffee und alle Arten von schwächerem, feinem Tee ersetzt wird?) Zweimal kamen Gruppen von alten Männern mit Turbanen herein, setzten sich an lange Tische und aßen fast schweigend üppige Mahlzeiten. Die Frauen waren viel vergnügter als die Männer, unterhielten sich laut und lachten. Bei der Ankunft waren sie verschleiert und hielten die untere Gesichtshälfte bedeckt; dann fielen die Schleier und wurden nicht mehr hochgezogen. Als die Frauen gingen, verschleierten sie sich wieder.

Ich war auf dem Weg nach Peschawar im Nordwesten Pakistans, weil dort das Zentrum für Aktivitäten im östlichen Teil von Afghanistan liegt; das Zentrum für die westliche Hälfte ist Quetta. Ich hatte monatelang Bücher und Artikel über Afghanistan gelesen, in denen Peschawar, diese bezaubernde Stadt, in der ein Bogart-Film spielen könnte, eine große Rolle spielt; doch selten wird erwähnt, dass Peschawar nur das Zentrum für die östliche Hälfte Afghanistans ist. Das ist so, als ob man die amerikanischen Oststaaten für ganz Amerika halten würde. Die Journalisten begeben sich nur selten nach Quetta (ein öder kleiner Ort, sagt man), was bedeutet, dass die Aktivitäten im westlichen Teil Afghanistans kaum erwähnt werden. Außerdem kommt man, wenn man von Peschawar nach Afghanistan will, durch das Land der Paschtunen. Einige Journalisten nun scheinen zu glauben, dass die ganze Bevölkerung Afghanistans aus Paschtunen besteht. So kann man es auch wirklich in einem ansonsten hervorragenden Buch lesen; das ist aber wiederum so, als würde man Texas für die gesamten Vereinigten Staaten ausgeben.

Ich hatte mich seit einigen Jahren für Afghan Relief engagiert und war eingeladen worden, um mir selbst ein Bild zu machen und über die Lage der Flüchtlinge und die Mudschahidin zu schreiben, bei denen es dem Gerücht nach Gruppen geben sollte, in denen nur Frauen kämpften. Angeblich sollten sie eigenständig organisiert sein, trainieren und über unabhängige Versorgungsquellen verfügen. Ich hoffte, mit ihnen in Kontakt zu kommen. Doch das gelang mir nicht, und die Reise verlief ganz anders. »Wenn sie nach Peschawar wollen«, hatte man mir gesagt, »erwarten Sie lieber gar nichts, weil es ohnehin nicht eintreten wird.«

49

Die Landschaft ist braun und staubig. Nicht wie in Afrika, wo sich der braune Staub, vom Flugzeug aus betrachtet, von Horizont zu Horizont erstreckt. Nicht wie in Australien, wo alles nur brauner Staub ist, den die Rechtecke des Großgrundbesitzes bestimmen, wenn man von der Westküste zur Ostküste reist. Und auch nicht wie in Texas, wo die braunen Rechtecke einfach riesig sind. Hier ist die Landschaft anders als alles, was ich bisher gesehen habe, denn sie ist überall durch winzige Terrassen kultiviert, Parzellen und Felder, die nicht rechteckig oder viereckig sind, sondern an den Ecken gerundet; oder gebogen und überlappt angeordnet wie Fischschuppen oder Federn, die sich sacht berühren. Die Formen der Kultivierung sind das bescheidene Ergebnis des Einspruchs der Menschen gegen die wild wütende Erosion: Es sieht aus, als ob dieses Land immer wieder von großen Krallen durchwühlt worden ist, worauf die Menschen zurückgekommen sind und ihre kleinen Felder über den Furchen und Rinnen angelegt haben. Von Islamabad nach Peschawar braucht man dreißig Minuten, und man wäre froh, wenn das kleine Flugzeug in der Luft stillstände, damit man in Ruhe die faszinierende Landschaft betrachten könnte, die der Mensch dem Staub abgerungen hat. Man sagt, dass das Land von Wäldern bedeckt war, als die Armeen Alexanders des Großen hier durchgezogen sind, und dass man im zwölften Jahrhundert von Malaga nach Barcelona wandern konnte, ohne den Schatten der Bäume zu verlassen. Als ich dieses Jahr in Island war, hörte ich, dass es dort auch überall Bäume gegeben habe, die kleinen, robusten, gekrümmten Bäume Islands, bis die Nordländer einfielen, deren Ziegen alles kahl fraßen. Die legendäre Stadt Peschawar ist über zweitausend Jahre alt, wie in meinem Reiseführer steht, und muss demnach zwischen Wäldern und Flüssen entstanden sein. Wahrscheinlich wurde diese Ebene zuerst besiedelt, weil dort die großen Flüsse vom Himalaja herabkommen, die sich durch die Felder schlängelten. Vielleicht hat es auf dieser Ebene jahrhundertelang Dörfer gegeben, deren Lehmhütten an den Flussufern und zwischen den Bäumen standen. Wir nähern uns Peschawar: Was sind das für eigenartige Ortschaften, die dort unten liegen? Sie sehen anders aus als die Dörfer in der Umgebung von Islamabad; die Häuser wirken flach und eintönig, als wäre ein dicker Daumen über sie hinweggefegt – später erfahre ich, dass es die afghanischen Flüchtlingsdörfer sind, die aus feuchtem Lehm errichtet wurden, so wie Kinder aus Matsch Häuser bauen; so wie Menschen auf der ganzen Welt seit Jahrtausenden Häuser aus Erde gebaut haben. Alles musste schnell gehen; die Not war groß, und die Häuser sind zerbrechlich, schutzlos.

Die Maschine fliegt in einem weiten Bogen über die Ebene, den Himalaja auf einer Seite, und die kräftige Abendsonne scheint orangefarben durch den dichten Dunst der verschmutzten Luft. Beim Landeanflug können wir erkennen, dass auf den Dächern dieser fragilen Lehmbauten oft noch ein Zelt oder eine Hütte steht, für noch mehr Menschen, für weitere Flüchtlinge vor der »Katastrophe«, wie die Afghanen die russische Invasion nennen.

In Peschawar, einem planlos gebauten, verfallenen Ort, erwarten mich Lärm, Chaos und Verkehr; doch ein Freund, der Indien kennt, meint, dass pakistanische Städte vergleichsweise sauberer, reicher und besser erhalten sind. Hier gibt es kaum Bettler, keine auffällige Armut, keine Menschen, die auf der Straße leben. Die Bevölkerung Peschawars hat sich aufgrund der Flüchtlinge verdoppelt. Als die Menschen vor sieben Jahren anfingen, in diese Stadt zu strömen, trafen sie auf Pakistaner, die es nach göttlichem Gesetz als ihre Pflicht erachteten, ihre Häuser und alles, was sie besaßen, mit den Fremden zu teilen. Heute halten sich hier wahrscheinlich dreieinhalb Millionen Flüchtlinge auf, zumeist in der Gegend um Peschawar.

Die Geschichte dieser Ebene erzählt von unaufhörlichen Invasionen, Eroberungen, Einfällen. Peschawar war einst ein Teil von Afghanistan; hierher zogen sich seine Herrscher zurück, wenn das Wetter unfreundlich war, zu kalt oder zu heiß. Peschawar gehörte auch den Paschtunen, die sich heute in ihrem gegenwärtigen Territorium eingeengt fühlen, nachdem man ihnen ihr rechtmäßiges Land genommen hat. Das macht die Pakistaner natürlich unruhig: Die früheren Eroberer sind jetzt ihre Gäste oder lauern hasserfüllt an ihren Grenzen.

Überall in Peschawar mischen sich die Mudschahidin unter die liebenswürdigen Pakistaner, zu Hunderten, zu Tausenden. Die Menschen aus dem Westen denken, dass sie alle wie Banditen aussehen, und sind davon entweder angezogen oder abgestoßen. Die Kämpfer tragen die bauschigen Hosen, die einer von uns, der sie ausprobiert hat, für das luftigste Kleidungsstück hielt, das je erfunden wurde, um sich beim Gehen die Luft um die Beine wehen zu lassen. Dazu das lange, lockere Hemd, das bis zum Knie reicht, und eine Decke über der Schulter, die zum Schlafen, als Umhang und als Zelt dient. Manchmal tragen sie auch Westen. Ich sah eine aus bestem englischem Tweed, in deren Borte als Verzierung »Made in Britain« gewebt war. Gelegentlich sind die Westen bestickt. Als Kopfbedeckung sieht man die kleinen Pillenschachtelhüte, allein oder mit einem Turban umschlungen, oder die afghanischen Baretts. Die Turbane sind erstaunlich vielgestaltig. Wenn diese Männer keine Kalaschnikows tragen, und das dürfen sie in den Städten eigentlich nicht, hat man trotzdem den Eindruck, dass sie irgendwie bewaffnet sind. Diese grimmigen Männer scheinen aus einem anderen

52

Jahrhundert zu stammen, was in mancher Hinsicht auch stimmt, aber sie sind gut informiert über das, was in der Welt vor sich geht. Sie haben keine Ahnung, wie sie sich einem westlichen Menschen vertrauenserweckend präsentieren könnten, reden heroisch von Märtyrertum und davon, für ihren Glauben zu sterben, und träumen von einem Paradies mit schönen Mädchen, Knaben, Wein und allem, was das Herz begehrt. Wenn man sie fotografiert, nehmen sie kriegerische Posen ein, weil sie annehmen, dass sie damit beeindruckend wirken. In einem normalen Gespräch werfen sie sich nicht derart in die Brust. Sie sind vernünftige, nicht besonders fanatische Menschen, zumindest diejenigen, die ich getroffen habe. Ich selbst bin keinen extremen, bigotten Mullahs und ihren Anhängern begegnet, doch wenn man manchen Fernsehsendungen und Zeitungsartikeln Glauben schenken wollte, scheint es überhaupt nur solche Afghanen zu geben. Die Krieger haben die Art von bitterem Humor, der Menschen auszeichnet, die in der Klemme stecken: schwarz, trocken und schockierend – dem jüdischen Humor vergleichbar. Sie kommen aus den Schlachten nach Peschawar, die die ganze Zeit über im Ostteil Afghanistans toben, erholen sich, stärken sich, lassen ihre Wunden ausheilen und besuchen ihre Familien in den Flüchtlingslagern. Sie bringen Briefe und Botschaften mit. Manchmal sieht man zwei, drei oder eine Gruppe von Mudschahidin, die sich auf der Straße treffen: Umarmungen und Küsse, Erleichterung, den andern lebend wieder zu sehen – den Kameraden, dem sie zuletzt im Felde begegnet sind oder von dem sie dort gehört haben. Ihre Beziehung ist eng, eine Kriegskameradschaft, abseits der Bruderschaft des Islams, die auf einem ganz anderen Blatt steht. Von außen betrachtet, erscheint einem diese Nähe beneidenswert, und ich könnte wetten, dass diese Männer alle von den besten Jahren ihres Lebens sprechen werden, wenn der Krieg vorbei ist. Wenn sie sich uns präsentieren wollen, kommt der Ausdruck »Dschihad« in jedem Satz vor. Das ist ihr Wort für ihren Widerstand, und es bedeutet mehr als nur »heiliger Krieg«. Eher so etwas wie die Résistance in Frankreich im letzten Weltkrieg. Sie alle wollen die Russen aus ihrem Land vertreiben; sie sagen zum Beispiel: »Wir haben die Araber hundert Jahre bekämpft, bevor sie uns schließlich besiegten, und wir werden die Russen ebenso lang bekämpfen.« Die Mudschahidin haben ein hartes und oft auch ein kurzes Leben. Wenn sie in der Schlacht schwer verwundet werden, überleben sie nicht, weil der Weg zum nächsten Krankenhaus über hohe Berge führt. Die Knaben, die in den Lagern aufwachsen, nehmen ihre Stelle ein. Jeder Junge, den man dort sieht, will unbedingt mit seinem Vater und seinen Brüdern mitgehen, doch einige Kommandeure lassen sie erst kämpfen, wenn sie sechzehn sind. Massud zum Beispiel, der unaufhörlich von Kindern bedrängt wird, die in den Kampf ziehen wollen, schickt sie zu ihren Familien zurück. (Massud ist ein Kommandeur, der in Afghanistan von nahezu allen Mudschahidin bewundert wird, selbst wenn sie gegnerischen Gruppen angehören. Er ist am ehesten so etwas wie ein nationaler Führer, der in diesem Krieg entstanden ist.

Die Afghanen sind mit den Pakistanern in keiner Weise zu vergleichen: Sie sind ein raues Bergvolk, bestens gerüstet für den Überlebenskampf; Krieger, die stolz darauf sind, mit weniger auszukommen als dem, was zartere Naturen brauchen. Vor der »Katastrophe« schwärmten alle Besucher von den Afghanen wie von ihrer eigenen sagenhaften Vergangenheit, der Zeit, als auch wir noch stolz, zäh, tapfer, unabhängig und überdies humorvoll und großzügig waren. Warum sehen die Afghanen alle so ungewöhnlich gut aus? Eine mögliche Antwort klingt grausam und bitter: So viele von ihnen sterben im ersten Lebensjahr, dass wir nur noch die Auswahl der Stärksten und Schönsten vor Augen haben. Die Pakistaner sind auf andere Art auch schöne Menschen: unbeschwert, charmant, gutmütig... und faul. Wenn man in einem Büro voller pakistanischer Männer (natürlich keine Frauen) sitzt, wird einem klar, dass Büros auch dazu da sein können, um Männer mit Jobs zu versorgen. Wir sitzen in einem großen, schäbigen Zimmer mit schmutzigen Fensterscheiben, während der Ventilator langsam über unseren Köpfen kreist – ich könnte schwören, dass diese Ventilatoren eine hypnotische Wirkung haben und den Geist träge machen. Der Raum ist mit uralten Schreibtischen vollgestopft. Und zwei mechanischen Schreibmaschinen. (Warum nicht? Ich selbst benutze auch eine.) Ungefähr zehn Männer sitzen hier herum und tun überhaupt nichts außer Tee trinken und schwatzen. Sie betrachten diese beunruhigenden Besucher aus dem Westen, unter denen sich auch drei Frauen mit ihren unschicklichen Kleidern befinden, mit verhaltener Freundlichkeit. (Aus unserer Sicht haben wir uns alle Mühe gegeben, Arme und Hals bedeckt und Hosen oder lange Röcke angezogen.) Wir bitten sie um Passierscheine, einen davon für das Parachinar-Tal, das praktisch von Afghanistan umschlossen ist. Der leitende Beamte will uns keinen geben. Ein Gefecht sei dort im Gange, meint er. Aber ein Kommandeur der Mudschahidin hatte uns gerade gesagt, dass der Kampf bereits beendet sei. Als wir ihm das erzählen, sagt der Beamte, dass man Pakistan dafür verantwortlich machen wird, wenn wir von den Russen gekidnappt werden. Aber wir wissen, dass Journalisten in Afghanistan ein und aus gehen. Von einem dieser Leute haben wir erfahren, dass die Straße nach Einbruch der Dämmerung voller Mudschahidin ist, Dorfbewohner, Spione aller Art, Händler, die ihre Waren zu den Basaren von Peschawar bringen, und natürlich Journalisten. In Peschawar erzählt man sich den Witz, dass ein unternehmungslustiger Amerikaner dabei sei, ein Reisebüro für Trips mit den Mudschahidin nach Afghanistan zu gründen. Das bürokratische Hickhack geht weiter und wird schließlich in einem anderen, wichtigeren Büro gelöst. In der Zwischenzeit unterhalten wir uns mit diesen Männern. Sie wollen wissen, woher wir kommen, und würden alle gern einmal nach London, Texas und Stockholm gehen. Einer fragt, ob London in England liegt. Wir scherzen über Cowboys und Ölquellen. Diese Menschen sind sympathisch, und ich könnte sie immerzu anschauen: Männer und Frauen, so hübsch und gut gelaunt und geschmeidig, wie sie sind. Nicht dass man viel Gelegenheit bekäme, einen Blick auf die Frauen zu werfen. Die lebendigste Erinnerung nach meiner Abreise waren die Männer, die in Gruppen herumstanden, herumsaßen, auf den Straßen lümmelten, auf Bürgersteigen, an Autos gelehnt, und uns drei Frauen anstarrten. Mich, die Ältere; eine Blonde aus Texas, die ständig von Pakistanern belagert wurde, weil ihr helles Haar und ihre blauen Augen so betörend wirkten; und ein schönes Mädchen afghanischer Herkunft, das in England aufgewachsen war. Dieser lange, intensive, dunkle Blick. Was drückte er aus? Feindseligkeit? Neugier? Abneigung? Es war, als ob diese Männer ihre menschliche Natur ausschalteten, wenn sie dich anstarrten. Manchmal grinsten sie spöttisch oder lachten, aber meistens starrten sie nur mit diesem langen, unergründlichen und kühlen Blick auf das Fremde. Doch dieselben Männer wurden freundlich und hilfsbereit, wenn man sich an sie wandte – menschlich und persönlich.

Wenn man keine Beziehungen hat – und alles läuft hier über Beziehungen, darüber, wen man kennt –, sind die Eindrücke von Peschawar und vom afghanischen Widerstand vom Glück abhängig, davon, auf welche Mudschahidin man trifft oder welche politische Partei einem behilflich ist.

Unter den Afghanen im Exil gibt es sieben politische Parteien, die sich alle auf den Islam und den Koran berufen, von der Bigotterie der Fundamentalisten bis zu der liberalen, modernen Haltung einer Hariqat.

Allein die Journalisten hier zu beobachten ist faszinierend. Viele zieht es von Natur und Neigung an diesen Ort, eine romantische, schäbige Kleinstadt, in der es von Waffen- und Drogenhändlern und Spionen wimmelt: Abenteurern aller Art. Hier gibt es Hotels und Bars, wo sich die Journalisten treffen. KHAD-Agenten, die sich direkt hinter dich gesetzt haben und dir den Rücken zukehren, kippen ihre Stühle wie in einer Operette in deine Richtung, wenn ihnen das Thema bedeutsam erscheint; und man munkelt, dass diese Scherzkekse mutwillig ein ganzes Gewirr von falschen Informationen in Umlauf setzen. (KHAD ist der Geheimdienst der afghanischen Marionettenregierung, der von den Russen ausgebildet und unterhalten wird.)

Die Spione von Peschawar sind berühmt dafür, verschiedene Parteien zu bedienen, zwei, drei oder mehr zur gleichen Zeit. Den KHAD, die Russen, ausländische Regierungen, die konkurrierenden afghanischen Gruppen im Exil – sie spionieren sie alle aus, die Mudschahidin, die Flüchtlinge, anwesende Journalisten und Mitarbeiter der Hilfsorganisationen.

Viele junge Journalisten werden hierher geschickt, damit sie sich die Hörner abstoßen, was ich für einigermaßen herzlos halte, weil ihnen eine schmerzliche Lehrzeit bevorsteht. Jedes muslimische Land ist für einen Menschen aus dem Westen eine schwierige Erfahrung. Wir haben sie seit Jahrtausenden bekämpft. Wir sind ignorant und voller Vorurteile, ebenso wie sie. Es ist traurig, dass der Westen, besonders Amerika, die Begriffe »Islam« oder »Muslim« mit »Terrorismus« gleichsetzt oder mit dem fundamentalistischen Islam, den wir mit Khomeini und Gaddafi verbinden. Das ist nicht die einzige Richtung des Islams und nicht die bedeutendste, wie ich meine, auch wenn sie unglücklicherweise die ausschlaggebende werden kann. Pakistan ist nicht fundamentalistisch wie zum Beispiel der Iran, ja sogar weit entfernt davon.

Islamische Länder sind sehr unterschiedlich, wie auch die praktische Anwendung ihrer Gesetze. Nehmen wir zum Beispiel ein Urteil von fünfzig Peitschenhieben. Im Iran oder in Saudiarabien ist das so grausam, wie es sich anhört. In Pakistan werden die extremen Vorschriften des Islams milder ausgelegt (und werden sich weiter abschwächen, wenn die Eiferer nicht an die Macht kommen). Derjenige, der die Strafe ausführt, muss eine gepolsterte Peitsche benutzen und einen Koran unter die Achseln klemmen: Der Koran darf nicht herausfallen, während er die Peitsche schwingt. Einige Gesetze erscheinen uns absurd. Pakistan ist »trocken«. Wie zu erwarten, bedeutet das heimliches Trinken, und die Menschen, die es nicht gewohnt sind zu trinken, trinken nicht vernünftig und geben keinen schönen Anblick. Als Ausländer darf man trinken, doch das macht keinen Spaß, wenn man eine Erlaubnis unterschreiben und heimlich in seinem Hotelzimmer trinken muss. Einer der Gründe, warum Europäer trinken dürfen, ist, dass Wein bekanntlich zu ihrer religiösen Praxis gehört: Ein Freund von mir wurde in einer Bar von einem vielleicht neidischen Kellner gefragt, ob die religiöse Zeremonie zu seiner Zufriedenheit ausgefallen sei. Die Einstellung zur Frau ist widersprüchlich, aber sie verhärtet sich zunehmend, wie ich gehört habe. Eine konventionelle Frau ist wahrscheinlich zufrieden und abgesichert. Ich habe selbst erlebt, wie sie ihre Männer auf eine Art herumscheuchen und schikanieren, die ich abstoßend fand – die Rache der Unterdrückten? Aber für eine begabte, ehrgeizige oder unabhängige Frau muss es die Hölle sein. Ebenso wie das im viktorianischen England gewesen ist. Eine Journalistin hat aufgrund der Haltung der Männer jede Menge Schwierigkeiten. Ein Journalist darf die Frauen in den Flüchtlingslagern nicht aufsuchen. Aber die Lager und die Mudschahidin sind es, weswegen die Journalisten schließlich gekommen sind. Die Mudschahidin gehören alle, zumindest nominell, einer der sieben Parteien an, die nicht im entferntesten mit denen im Westen vergleichbar und für einen Menschen aus unserem Kulturkreis schwer zu verstehen sind, weil sie auf religiösen Prinzipien beruhen; sie streiten, intrigieren und konkurrieren aufgrund von Fragen, die wir für unbedeutend oder sogar für lächerlich halten.

Die Mudschahidin sind durchaus bereit, Journalisten ins Land zu lassen, nicht sehr weit, aber das vor allem, weil sie ihre Gäste im Großen und Ganzen wegen ihrer Weichlichkeit verachten. Wenn man seit sieben Jahren in erster Linie durch Heroismus überlebt hat, wird Heroismus zum obersten Wert. Verächtlich erzählen sie Geschichten von Filmemachern, die Schlachten fotografieren wollen und in Deckung gehen, wenn der Kampf beginnt. Woraufhin ein Mudschahid die Kamera übernimmt und das Geschehen filmt. Oder von Ärzten, die mit ihnen nicht mithalten können, die nicht von dem Wenigen leben können, mit dem die Mudschahidin auskommen, die reichhaltigeres Essen und besondere Unterkünfte brauchen und beim Anblick der schrecklichen Wunden aus diesen Kämpfen sogar in Ohnmacht fallen, wie man sich erzählt. Aus diesem Grund, der Empfindlichkeit der Ärzte, ziehen die Mudschahidin es vor, sich von Ärzteteams aus befreundeten Ländern medizinisches Grundwissen beibringen zu lassen, mit dem sie dann die Kämpfer an der Front selbst versorgen können. Sie beklagen, dass sich die Journalisten weigern, Kabul, Masar-i-Scharif und die befreiten Gebiete zu besuchen, und sich lieber in der Nähe der Grenze aufhalten, zum Beispiel in Kandahar oder bei den Paschtunen. Wie ein Kommandeur sagte: »Wenn ihr in Bahrain Urlaub macht, warum nicht auch in Kabul? Es wird von uns kontrolliert.« Ja, sie sind ein bunter Haufen, aber sie brechen einem das Herz, weil sie so tapfer sind und so wenig haben: Selbst jetzt noch sind die meisten ihrer Waffen von den Russen erbeutet.

»Sind Sie *drin* gewesen?«, kann man bisweilen einen Neuling seinen erfahrenen Kollegen im Green's Hotel oder im Dean's Hotel fragen hören. Beide Hotels scheinen als Drehorte für Spionagefilme erbaut zu sein. Ich bin der Meinung, dass es nicht unbedingt der beste Weg zu entsprechenden und unvoreingenommenen Informationen ist, sich für vier, fünf Tage ins Land der Paschtunen (der Pathanen) zu begeben, weil man dort nur die Meinung der Gruppe zu hören bekommt, die einen begleitet. Und wenn man von keiner Gruppe genügend gemocht wird, kommt man gar nicht hinein. Eine Journalistin verkündete kürzlich frustriert, dass sie jetzt nach Delhi ginge, dem einzigen Ort, wo man echte Informationen bekäme! Tags darauf hörte unsere Gruppe, wie ein hohes Tier in einer der Parteien erklärte, dass er bereit sei, jeden Journalisten mit ernsthaften Absichten zu unterstützen; in der *Pakistan Times* war in einem Artikel zu lesen, dass es die Mudschahidin satt hätten, so viele Journalisten unter hohem Risiko für alle Beteiligten hereinzulassen, wenn dabei so wenig herausspringen würde. Doch das alles ist nicht leicht, und gewisse Informationsebenen sind für die meisten überhaupt nicht zugänglich.

Unsere Gruppe bestand aus einem Afghanen aus Pagman, der Verwandte und Freunde hatte, die bei den Mudschahidin kämpften oder für Afghan Relief arbeiteten. Einer afghanischen jungen Frau, die in England aufgewachsen war: Sie studierte in Peschawar Journalismus und sprach

Farsi, Arabisch und etwas Urdu. Dem schwedischen Filme-macher Leon Flamholc: Seine Vorfahren kamen aus Usbe-kistan, und wenn er sich wie ein Mudschahid kleidete, wurde er zu einem Mudschahid. Er sprach Farsi. Bei seiner letzten Reise nach Peschawar war er »drin« gewesen und hatte dort einen Film halb fertig gedreht. Für Nancy Shiels, Filmemacherin aus Texas, war es die dritte Reise mit einem halb fertigen Film. Und dann war da noch meine Person. Ich hatte seit einigen Jahren mit Afghanen zu tun, war aber nie in Pakistan gewesen. (Ich wurde in Persien geboren und lebte dort, bis ich fünf Jahre alt war. Ja, all die Gerüche und Geräusche auf dieser Reise erinnerten mich an meine Kind-heit.)

Von dem Augenblick an, wo man in Peschawar an-kommt, lässt einen Afghanistan nicht mehr los – die Unge-heuerlichkeit, der Schrecken, die Trauer. Vom frühen Mor-gen bis zum späten Abend spricht man darüber, denkt man daran – und in meinem Fall träumt man auch davon. Jeder Afghane, dem man begegnet, ist eine tragische Geschichte; jeder ein Appell: Helft uns, helft uns! Wir im Westen seien schlecht informiert, sagen sie, sonst würden wir ihnen hel-fen. Aber das ist wieder eine dieser Ironien der Geschichte, die uns an Götter glauben lässt, die irgendwo da oben sit-zen und über uns lachen. Seit Beginn dieses Krieges haben die Russen behauptet, und es vielleicht sogar geglaubt, dass der Westen, vor allem Amerika, den Widerstand in Af-ghanistan finanziert. Den russischen Soldaten erzählte man, dass sie gegen amerikanische Imperialisten kämpfen würden (sogar gegen amerikanisch-zionistische Imperialis-ten), die Chinesen, die Gangster des internationalen Kapi-tals. Doch dann trafen sie auf zerlumpte und barfüßige Männer mit Kalaschnikows, die aus russischem Besitz stammten. Einige liefen deswegen über, aber »das soll man nicht überschätzen«, sagte ein Mudschahid-Kommandeur,

»ein Prozent sind vielleicht so verstört, dass sie die Seiten wechseln; die übrigen sind sowjetisch gesinnt, und man hat ihnen beigebracht, uns als Tiere zu betrachten, die man jagt und tötet.« Sieben Jahre nach Kriegsbeginn eignen sich die Mudschahidin immer noch die meisten ihrer Waffen von den Russen an. Die Mudschahidin sagen, dass die anfänglichen Erklärungen der USA, dass sie keine Hilfe leisten würden, so klangen, als ob sie in Wahrheit helfen würden, es aber abstreiten müssten. Jetzt, sagen die Mudschahidin, bekämen sie Unterstützung, doch was geschieht damit? Nur ein kleiner Teil von dem, was geschickt wird, erreicht die Widerstandskämpfer. Darüber klagt jeder Kommandeur der Mudschahidin. Ich war darauf vorbereitet, weil ich so etwas Ähnliches gelesen hatte. »Wir kämpfen ebenso für euch wie für uns«, sagen sie. »Die Russen wollen das, was sie immer wollten: Zugang zu den Warmwasserhäfen und das heutige Pakistan. Warum helft ihr uns nicht? Es liegt doch in eurem eigenen Interesse.«

Das Thema, das jedes Gespräch, jedes Interview bestimmt, lautet: »Von Anfang an hat der Westen das Ausmaß des Widerstands unterschätzt. Wir haben seit sieben Jahren lesen dürfen, häufig von euren führenden Journalisten, dass wir am Ende sind und bereit aufzugeben. Das ist jedoch nie der Fall gewesen. Ihr schreibt über uns, als ob wir uns unter den Russen relativ passiv verhalten und nur gelegentlich kleine Angriffe wagen würden – ihr stellt uns nicht so dar, wie wir sind: eine Nation, die einen Krieg führt, an dem alle beteiligt sind. Wie wäre es, wenn Sie sich selbst ein Bild machen würden?«

Wir saßen den ganzen Morgen im Hauptquartier einer bestimmten politischen Partei, während Kommandeure der Mudschahidin aus ganz Ostafghanistan, vom Norden bis zum Süden, eintraten, immer drei auf einmal, sich eine Weile hinsetzten, Fragen beantworteten und dann Platz für die Nachfolgenden machten. Sie kamen aus Pagman und dem Parachinar-Tal, aus Baglam und Bagram, aus Kabul und Paktia; die Turkmenen aus Masar-i-Scharif sahen wie chinesische Warlords aus und die aus Nuristan erstaunlicherweise, als wären sie gerade aus Schottland oder Kent gekommen. Die Nuristaner führen ihre Herkunft auf die Armeen Alexanders des Großen zurück, doch diese Armeen fegten wie die der Mongolen und der Araber über das ganze afghanische Land. Die Briten, die letzten Invasoren, kamen nicht sehr weit; dreimal haben uns diese Krieger geschlagen. (Es wirft ein Licht auf die Geschichte, wenn drei Männer sagen: »Meine Vorfahren waren Mongolen, deine Araber; sie haben die Afghanen bekämpft, und nun kämpfen wir, brüderlich vereint, bis zum letzten Atemzug gegen die Russen.«) Ein Kommandeur kehrte von der Front in der Nähe von Masar-i-Scharif zurück, um neue Munition zu holen: »Es war eine große Schlacht, mit Jets und Hubschraubern. Sie kommen über die Grenze und fliegen wieder zurück. Sie kämpfen wie Feiglinge und bombardieren uns aus schwindelnder Höhe. Sie haben die ganze Ernte verbrannt; sie haben gewartet, bis das Getreide reif war, weil sie unsere Basis im Volk zerstören wollen. Es dauert einen Monat, um Waffen und Vorräte von Peschawar über den Oxus zu bringen; überall muss man auf die russischen ›Spielzeuge‹ achten – die Bomben, die als Uhren, Kugelschreiber oder Kinderspielzeuge getarnt sind. Sie lassen sie auf die Wege fallen, die wir gewöhnlich nehmen.« Die Krankenhäuser in den Lagern waren voll von Kindern ohne Arme, Hände oder Beine, die diesen Spielzeugen nicht widerstehen konnten. Ein anderer Kommandeur aus dem hohen Norden erzählte, wie er und seine Männer die Pipelines zerschnitten haben, die Kerosin, Erdgas oder Benzin transportieren: »Wir zerstören sie immer wieder; die Russen können sie nicht ausreichend bewachen, weil wir die Nacht beherrschen.« Wir sagten ihm: »Wir sind Reporter aus Amerika und England, wollen Sie dem Westen durch uns eine Botschaft übermitteln?«

»Wo bleiben die Waffen? Wir haben sogar schon mit Äxten kämpfen müssen.« (Wir hielten das für eine Übertreibung. Die Mudschahidin sind bekannt für ihre poetischen Übertreibungen – es heißt, man muss das, was sie sagen, immer mit Vorsicht genießen –, doch später wurde diese Aussage von jemand anders, der in dieser Schlacht gekämpft hatte, bestätigt.) »Wir haben nichts zu essen; wir zerkauen Wolle und Leder, bis wir schwach werden und den Kampf beenden müssen, obwohl wir am Gewinnen sind.«

Ein anderer Kommandeur aus dem Norden sagte, dass sie ihre Familien und Angehörigen mit Pferden und Eseln in Höhlen in den Bergen untergebracht hätten. Ihre Dörfer seien dem Erdboden gleichgemacht, die Wasserversorgung zerstört. Auf jeden Kämpfer kommen fünf Angehörige; sie ziehen abwechselnd in Einheiten von hundert Mann an die Front: »Wir haben keine Medikamente, keinen Arzt, keine Lebensmittel. Sicher, wir konnten etwas von den Russen erbeuten, oft aber können wir mit ihren Arzneien, Injektionen und Betäubungsmitteln nichts anfangen.«

Ein Kommandeur aus Kabul: »Wir haben zwei Organisationen, eine für innen und eine für außen. Diejenige, die innerhalb der Stadt arbeitet, ist für Sabotage zuständig; alle Menschen in Kabul sind auf unserer Seite, darum erwischen uns die Russen ja nicht. Die Frauen und sogar die Kinder helfen uns. Wir haben unsere Leute im KHAD, viel mehr, als die Russen entdecken könnten; sie verraten uns, wann ein Angriff zu erwarten ist, sodass wir uns darauf einstellen können. Die Russen können sich nicht weiter als fünf Meilen aus Kabul herauswagen.«

Und den ganzen lieben langen Morgen betonen die Kommandeure immer wieder, dass es der Hunger ist, der die Mudschahidin vernichtet: »Wir haben kein Essen, keine warme Kleidung und keine Stiefel, nur Sandalen. Wir erfrieren uns Hände und Füße. An manchen Orten verhungern die Menschen schon jetzt, obwohl es erst Herbst ist und uns noch ein langer Winter bevorsteht. Schickt uns Lebensmittel, schickt uns warme Kleidung. Wenn ihr uns mit Boden-Luft-Raketen versorgen würdet, könnten wir die Russen schlagen: Warum macht ihr das nicht?«

Dabei wiederholen sie ständig: »Im Westen, wo man die Dinge mit anderen Augen sieht, ist man der Ansicht, wir müssten uns vereinen. Ihr haltet immer Ausschau nach einem einheitlichen Oberkommando über Afghanistan, deshalb baut ihr Leute wie Massud oder Hakkani oder sonst jemand auf, der eurer Meinung nach ein nationaler Führer werden könnte; doch das ist nicht der afghanische Weg. Wir haben hier regionale Führer, die sich gegenseitig respektieren und zusammenarbeiten, doch es ist unwahrscheinlich, dass sich einer von ihnen zum nationalen Führer entwickeln wird.«

All diese Punkte wurden in einem Interview mit einem hochrangigen Militär bestätigt. Er wollte nicht, dass man ihn fotografierte, filmte oder aufnahm. Er sagte, er sei einer der vielen, die verdeckt in der afghanischen Armee gearbeitet hätten und nach Peschawar gegangen seien, als es zu gefährlich wurde, um die Kämpfe der Mudschahidin zu koordinieren. Zu unserer Erleichterung – denn wir litten inzwischen schon an einer Überdosis muslimischer Frömmigkeit – begann er: »Ich bin Soldat, kein religiöser Mann. Hier befindet sich das militärische Hauptquartier dieser Partei, und ich bin einer der leitenden Offiziere. Die Männer auf jener Bank, die dort an der Wand sitzen, sehen in euren Augen vielleicht nicht nach hochrangigen Befehlshabern aus, weil sie, wie wir alle, keine Uniformen tragen.«

Ein Dutzend Männer in der Tracht der Mudschahidin sah uns prüfend an. »Sie gehören nicht zu dieser speziellen Partei, daraus dürfen Sie ruhig Ihre Schlüsse ziehen. Ich muss all Ihre Fragen beantworten und nichts als die Wahrheit sagen, aber Journalisten können sehr großen Schaden anrichten, weil sie mit wenigen Ausnahmen nicht erkennen, wie viel Nutzen der Feind aus scheinbar unbedeutenden Details ziehen kann. Sie haben keine nachrichtendienstlichen Erfahrungen, ich dagegen schon. Dafür können Sie nichts, aber ich werde unsere Stellungen schützen, während wir reden.

Der wichtigste Punkt, der zentrale Punkt ist, dass der Krieg in vollem Umfang weitergeht, egal, was Sie darüber gehört haben. Es steht nicht schlecht für uns, wie Ihre Zeitungen manchmal behaupten. Wir werden kämpfen, bis wir gesiegt haben, bis die Russen das Land verlassen oder uns alle umgebracht haben. Das ist die bittere Wahrheit. Niemand im Westen scheint eine Vorstellung vom Ausmaß des Widerstands zu haben; jedes Haus, jedes Dorf ist daran beteiligt. Wenn ein Gebiet eine Zeitlang ruhig bleibt, bedeutet das nicht, dass es befriedet ist, sondern nur, dass man hier vielleicht wegen der Wetterverhältnisse abwartet.«

Wir fragten nach der Zusammenarbeit zwischen den verschiedenen Regionen Afghanistans, den verschiedenen Parteien:

»Zwei Aspekte sind hervorzuheben, zuerst der militärische: Es gibt Teile von Afghanistan, wo seit Beginn des Krieges Männer aus allen politischen Parteien unter einem Kommandeur kämpfen. In anderen Teilen bekämpfen sich verschiedene Gruppen der Mudschahidin, und zwischen diesen beiden Extremen gibt es jede Menge Abstufungen. Doch selbst die stursten und fanatischsten Mudschahidin haben inzwischen begriffen, dass wir zusammenarbeiten müssen, wenn wir gewinnen wollen. Wir haben allseits respektierte Führer, von denen Sie sicher gehört haben, die gut zusammenarbeiten. Der politische Aspekt ist genauso wichtig; die sieben politischen Parteien stehen von zwei Seiten unter Druck: von außen, wenn zum Beispiel Unterstützung nur unter der Bedingung gewährt wird, dass die Parteien in einer bestimmten Frage zusammenarbeiten, und, was vielleicht noch wichtiger ist, von innen. Die Mudschahidin sind des ideologischen Gezänks zwischen den Gruppierungen überdrüssig. Und es gibt noch einen dritten Aspekt, den man sicher nicht weiter ausführen muss, denn dieses Problem existiert überall und in jedem Land: Es ist das Problem unvereinbarer Persönlichkeiten, was in unserem Fall durch die großen ideologischen Unterschiede verschärft wird. Nichts ist in diesem Kampf einfach, und die weltanschauliche Frage ist vielleicht die schwierigste. Die Menschen, die bei Ihnen im Westen Fundamentalisten genannt werden, sind am radikalsten, aber auch die besten Kämpfer; sie haben schon gekämpft, bevor es eine der anderen Gruppen tat. Sie haben Verbündete und Anhänger in der ganzen muslimischen Welt – was uns langfristig alle in Gefahr bringen kann. Sicherlich haben Sie während Ihres Aufenthalts hier bemerkt, dass dieses Thema immerzu diskutiert wird, weil es uns alle sehr beschäftigt. Die andere bedeutende Gruppe der Kämpfer ist genauso groß, aber weniger geschlossen. Sie würden gern zu dem Afghanistan vor der ›Katastrophe‹ zurückkehren, wo unterschiedliche Auffassungen vom Islam nebeneinander existieren konnten. Diese Form der Toleranz ist den Fundamentalisten fremd. Interessant ist nun, dass es innerhalb der fundamentalistischen Gruppen heftigere Auseinandersetzungen gibt. Die Probleme, die aus dem Zusammenprall verschiedener Persönlichkeiten entstehen, gibt es eben in jeder Partei.«

»Könnten Sie uns eine strategische Gesamteinschätzung dieses Kriegs geben?«

»Natürlich werde ich diese Frage nicht umfassend beantworten, das können Sie von mir auch nicht erwarten. Zum
einen wäre das zu kompliziert. Ich habe von Anfang an auf
verschiedenste Art in diesem Krieg gekämpft und könnte
nicht nur ein Buch über diese verzwickte und verworrene
Geschichte schreiben, sondern gleich mehrere. Heute will
ich Ihnen nur sagen, dass es drei wichtige Zentren des
Kampfes gibt: Herat, Kabul und Kandahar, doch das wird
sich schon nächste Woche um diese Zeit ändern; dann wird
es andere Gebiete geben, in denen gekämpft wird. Der
Druck des Feindes hat sich im letzten Jahr verfünffacht; die
Russen setzen mehr Truppen und wirksamere Waffen ein,
haben ihre Taktik verbessert und gehen rücksichtsloser
vor. Die Verluste an Menschen und Material sind auf ihrer
Seite größer als je zuvor, und wir haben ebenfalls viele To-
desopfer und großes menschliches Leid zu beklagen. Sie
haben wahrscheinlich gehört, dass Afghanistan zu achtzig
Prozent von den Mudschahidin kontrolliert wird und zu
zwanzig Prozent von den Russen. Das mag zwar einerseits
richtig sein, doch von einem militärischen Standpunkt aus
könnte man es eher so ausdrücken: Hundert Prozent von
Afghanistan werden von den Russen kontrolliert und Hundert Prozent von uns – die Frage ist, wer demnächst zu-
schlagen wird und wo. Die Russen können sich nicht sicher fühlen, nicht einmal in den Städten, die sie angeblich
beherrschen; sie wissen nie, was, wann und wo in die Luft
gehen wird. Sie können sich nicht frei auf den Hauptstra-
ßen bewegen; die Straßen sind für sie und für uns gefährlich, aber wir können uns im Unterschied zu ihnen in jedem Gelände bewegen. Wir kontrollieren die befreiten
Gebiete, aber die Russen schicken ihre Bomber, um einen
Ort zu zerstören, wann und wo es ihnen in den Kram passt.
Sie vernichten unsere Ernten und unser Vieh. Immer stärker greifen sie unsere Lebensgrundlagen an. Während wir

hier sitzen, fliehen die Menschen aus den zerbombten Gebieten, weil man ihre Bewässerungssysteme mutwillig zerstört und ihre Ernten verbrannt hat. Jetzt können Sie sich vorstellen, was ich damit meinte, dass wir beide Afghanistan kontrollieren. In den letzten drei oder vier Jahren haben sie zusätzliche Sicherheitsposten errichtet, doch die meisten von ihnen sind schon eingekreist, zerstört und nutzlos geworden. Und die Moral? Ihre Moral ist schlecht, weil der Krieg ohne Ergebnis weitergeht, und unsere Moral wird auch nicht besser. Wir kämpfen seit sieben Jahren; wir sind erschöpft und haben das Gefühl, dass ihr uns nicht helft. Sie haben sicher davon gehört, dass die Mudschahidin der Überzeugung sind, auch für die westliche Welt zu kämpfen; wir glauben, dass das der Fall ist; es ist einer der Gründe, warum wir kämpfen. Wir haben große Mühe, unsere Vorräte zu ergänzen, unsere Männer auszurüsten und zu ernähren. Im letzten Winter haben wir den Krieg nicht unterbrochen, sondern unter großen Verlusten fortgeführt. Unsere Männer kämpfen im tiefen Schnee in Sandalen, sie kämpfen in Sommerkleidung; sie kämpfen mit den wenigen Lebensmitteln, bis sie ihnen ausgehen. Dieses Land, Pakistan, wird keine weiteren Flüchtlinge aufnehmen. Wir sind Pakistan zutiefst verpflichtet; sie fühlen mit uns, sie helfen uns, soweit sie nur können; wir sind ihnen dankbar. Aber jetzt, wo sich die Flüchtlingsströme nach jeder neuen Bombardierung unserer Dörfer in ihr Land ergießen, haben sie selbst nicht mehr genug Wasser und Nahrung. Manchmal haben wir mehr Waffen, als wir einsetzen können, weil uns die Mittel fehlen, sie zu transportieren.« (Wir hatten gerade von einem Kommandeur gehört, der in der Nähe von Kabul russische Panzer und Kanonen erbeutet hatte, aber sie alle zerstören musste, weil er nicht wusste, wie er sie wegschaffen sollte.) »Von bestimmten Waffen haben wir genug, von anderen zu wenig. Wie Ihnen sicher jeder Mudschahid erzählt hat, den Sie getroffen haben, brauchen wir Boden-Luft-Raketen und mehr Geld, um das zu kaufen, was uns *wirklich* fehlt, und nicht das, was andere Leute für notwendig halten. Wir brauchen Lebensmittel, wir brauchen medizinische Versorgung; wir brauchen diese Dinge schnell, weil der Winter vor der Tür steht. Hat man Ihnen erzählt, dass die Mudschahidin, die früher von den Bauern versorgt wurden, heute ihre dürftigen Vorräte mit den Bauern teilen, weil die Menschen am Verhungern sind?

Die Amerikaner – wir sind dankbar für das, was sie gegeben haben und geben. Ständig lesen wir von diesen riesigen Summen, die sie für uns aufbringen, doch was geschieht mit dem Geld und den Vorräten? Die Amerikaner haben erklärt, dass sie unseren Kampf unterstützen wollen, und das glauben wir ihnen auch; aber wäre es nicht in ihrem und unserem Interesse, herauszufinden, wohin diese Ströme von Geld und Waffen gehen? Sie schicken etwas, wir erhalten es nicht. Irgendwo in der Mitte gibt es ein Loch, in dem die meisten Spenden verschwinden. Immer wieder lesen wir in Ihren Zeitungen, dass man uns diese und jene Waffen geschickt hat, doch wenn dem so war, dann haben wir sie nie zu Gesicht bekommen. Allgemein ausgedrückt: Die Amerikaner haben offenbar nicht begriffen, dass der Krieg militärisch und politisch geführt werden muss; wir tragen unseren Teil dazu bei, und zwar gut – dennoch haben wir das Gefühl, dass man uns nicht ausreichend unterstützt.«

Wir fragten: »Könnten die Russen einfach gehen?«

»Sie wissen natürlich, dass die Russen noch nie ein Land freiwillig verlassen haben. Wenn ich Gorbatschow wäre, wüsste ich nicht, wie man nach so viel Blutvergießen und so viel Propaganda einfach gehen könnte – doch wenn sie ein Rezept hätten, würden sie gehen. Sie wollen gehen. Was immer sie sagen, sie wissen, dass wir nie aufhören wer-

70

den zu kämpfen. Ich habe drei Jahre lang bei den Russen gearbeitet und kenne sie gut. Als Soldat bewundere ich sie für ihren Widerstand im Zweiten Weltkrieg; sie sind zwar keine guten Kämpfer, haben aber ihre Heimat tapfer verteidigt. Sie haben keine soldatischen Qualitäten, sind schlechte Schützen, zu dick und trinken zu viel; sie können nicht auf Berge steigen oder sie nutzen; sie haben wenig Ausdauer und sind ohne ihre Maschinen, ihre Panzer, ihre Flugzeuge verloren. Wir können ohne diese Dinge auskommen. Sie sind uns nicht gewachsen, Mann gegen Mann, Russe gegen Afghane; sie schicken drei oder vier gegen einen ins Feld; sie bombardieren uns aus solcher Höhe, dass wir sie nicht erreichen können.

Wenn sie Afghanen gegen Afghanen einsetzen, geht das meistens nicht gut. Sie begreifen uns nicht, sie verstehen unsere Art der Unabhängigkeit nicht – nennen Sie es ruhig Anarchie –, die unsere Stärke ist. Der Zwang, den sie in der afghanischen Armee ausüben, macht es dieser Truppe unmöglich, afghanischen Kampfgeist zu entwickeln; sie gestatten der afghanischen Armee keinerlei Eigeninitiative. Außerdem glauben wir, dass die afghanische Armee schlecht kämpft, weil die Männer ihr Gewissen quält. Ständig geraten sie an den Punkt, wo ein großes Vorhaben, ein großer Plan einfach zusammenbricht, schief geht, zerfällt.« (An dieser Stelle stritten sich zwei Männer auf einer der Bänke darüber, wie viele Leute in der afghanischen Armee mit ihrer Arbeit zufrieden sind. »Höchstens vierzigtausend im ganzen Land«, sagte der eine. Der andere meinte: »Nicht mehr als fünftausend. Wenn es mehr wären, würden sie besser kämpfen und wären nicht so nutzlos.«) »Die Russen haben eine Charaktereigenschaft, die sich nachteilig für sie auswirkt: Wenn etwas schlecht läuft, ändern sie nicht ihre Taktik oder probieren etwas anderes aus, sondern verstärken die Unterdrückung und machen weiter wie gehabt. Häufig verhindern sie das, was sie erreichen wollen; sie sind unbeweglich und unflexibel, sie können nicht zuhören, sind starrsinnig und weichen von ihrem einmal eingeschlagenen Weg nicht ab. Aber wenn die Russen klüger wären, hätten sie schließlich schon vor langer Zeit einen Ausweg aus diesem Krieg gefunden, ohne ihr Gesicht zu verlieren. Außerdem wählen sie schwache Leute als Anführer aus, was sich auf lange Sicht ungünstig auswirkt. Ich kenne Najib gut; er ist ein unbedeutender, schwacher Mann, wie sollte er ein Land führen können? Er ist nicht intelligent; kein Afghane würde ihn jemals respektieren. Um Afghanistan zu verstehen, muss man berücksichtigen, dass den Afghanen ihre Unabhängigkeit über alles geht. Wenn ich sage, dass jeder von ihnen ein natürlicher Anführer und niemals ein guter Gefolgsmann ist, entbehrt das nicht einer gewissen Ironie, weil ich schließlich versuche, sie zu führen.

Sicherlich haben Sie schon mehr als genug vom Dschihad gehört, doch meiner Ansicht nach hat man im Westen eine zu einfache Vorstellung vom Dschihad. Der Afghane kämpft zuerst einmal für sich selbst, seine Familie, sein Dorf, seine eigenen Leute. Er kämpft aus all diesen Gründen, und er kämpft für seine Religion. Wenn Sie das Wort Dschihad hören, und Sie werden es tausendmal am Tag gehört haben, denken Sie bitte daran, wie komplex dieses Problem ist, dieser Heilige Krieg.«

Wir fragten, ob es für die Mudschahidin schwierig sei, den Kampf aufzugeben und den Frieden zu akzeptieren. »Ja, sehr schwierig; sie sind von Natur aus Krieger. Wenn dieser Krieg beendet ist, wird eine Zeit kommen, wo persönliche und stammesmäßige Rechnungen beglichen werden. Der Krieg wird allmählich aufhören, und wenn die Afghanen erst einmal einer Regierung vertrauen, dann gehorchen sie ihr auch. Eine künftige Regierung muss sehr große Meinungsverschiedenheiten tolerieren – religiöse und politische –, doch im Vergleich zu der Zeit vor dem Krieg wird es einen Unterschied geben: Vor der russischen Invasion gab es vielleicht ein paar hundert Kommunisten; wenn die Besatzer gehen, wird es keinen einzigen mehr geben.«

Wir fragten nach ihrer Haltung zur Öffentlichkeit. »Jede Woche oder alle zehn Tage verfasse ich einen strategischen Bericht, der auf präzisen Informationen beruht, die aus ganz Afghanistan stammen, denn wir haben unsere Leute in allen Teilen des Landes. Ich schicke diesen Bericht überallhin, trotzdem steht nie ein Wort davon in Ihrer Presse. Einige von uns haben das Gefühl, dass wir die Journalisten mit großem Aufwand ins Land lassen und sie mit Informationen versorgen, aber wenig dafür zurückbekommen. Meine persönliche Überzeugung ist, dass wir mehr Öffentlichkeit brauchen und uns stärker bemühen müssen, gute Filme und Reportagen über uns zu bekommen. Vor allem brauchen wir mehr Journalisten, die nach Afghanistan kommen, aber nicht nur in die Nähe von Peschawar; sie müssen das ganze Land bereisen, und wir werden sie aufnehmen.«

»Was halten Sie von dem französischen Journalisten, der eine bestimmte Festung der Mudschahidin so gut beschrieben hat, dass die Russen sie finden und bombardieren konnten, nachdem sein Bericht erschienen war?«

»Das war sicher ungeschickt; er war wie viele Journalisten leichtsinnig, aber langfristig hat es sich gelohnt. Wenn der Westen besser informiert wäre, würde es uns allen besser gehen.«

Was dieser Kommandeur sagte, wurde durch andere Interviews bestätigt. Zum Beispiel:

Frage: »Sie sagen, dass die Anzahl der russischen Soldaten in Afghanistan zugenommen habe, obwohl die Russen kürzlich das Gegenteil behauptet haben?«

Antwort: »Haben Sie noch nie etwas von der berühmten russischen Desinformation gehört?«

Ein anderer Kommandeur: »Ich habe gerade gelesen, dass eine Bombe in Südafrika neun Menschen getötet hat. Ich komme aus einer Schlacht, wo wir einen Hubschrauber abgeschossen, sechs Panzer beschädigt, dreißig Russen getötet und nur fünf Mudschahidin verloren haben, aber das wird nicht in euren Zeitungen stehen. Wäre das vielleicht anders, wenn ich ein schwarzes Gesicht hätte?«

Aus einem Gespräch mit einem Mudschahid, der gerade nach Kabul zurückkehren will: »Kennen Sie vielleicht eine Pille, die gegen den Hunger hilft, der unser schlimmster Feind ist?«

Und meine Antwort, die Antwort einer Hausfrau auf den Krieg: »Warum bauen Sie keine Fabrik und stellen dort Lebensmittel her, die die Mudschahidin mit in die Schlacht nehmen können?«

»Wir sind Krieger, nur davon verstehen wir etwas.«

»Napoleon hat gesagt, dass eine Armee mit den Mägen marschiert.«

»Wenn wir mit den Mägen marschierten, wäre der Krieg schon längst zu Ende. Ich und meine Männer kommen gerade aus einer Schlacht zurück. Zwanzig Tage haben wir gekämpft, dann hatten wir nichts mehr zu essen und mussten uns von Gras ernähren.«

»Ja, ja, ja, das wissen wir, aber wenn Sie eine kleine Fabrik bauen – oder, besser noch, eine Reihe von kleinen Werkstätten hier in Peschawar oder irgendwo in den Höhlen in den Bergen – und dort kondensierte Nahrung herstellen würden, die leicht transportierbar -«

»Wer sollte das tun?«

»Nun, die Parteien vielleicht.«

»Die Parteien! Welche Partei? Wenn Sie sie kennen würden...«

»Warum nicht alle zusammen?«

»Zusammen! Sie streiten sich doch immerzu! Wussten Sie, dass sich Massud gerade an sein Hauptquartier gewandt hat, damit sie ihm Verpflegung für den Winter schicken? Und was geschah? Nichts!«

»Sie sagen, dass die Mudschahidin ihre Zusammenarbeit verbessern und die Parteien ignorieren. Warum bauen dann die Mudschahidin nicht kleine Fabriken oder Werkstätten und stellen…«

»Wovon reden Sie eigentlich?«

»Früher sind Ihre Armeen mit getrockneten Maulbeeren marschiert, die reich an Kalorien sind, nicht unbedingt zwanzig Tage an einem Stück, aber vielleicht drei oder vier. Sie brauchen nur Zucker, Fett, getrocknete Früchte und Mehl; das wird vermischt und komprimiert, sodass es nährstoffreich, aber klein und leicht ist.«

»Na gut, schicken Sie uns Geld und das Rezept, dann machen wir es.«

»Sie werden Plätze an verschiedenen Orten brauchen, weil die Russen sie, wenn irgend möglich, in die Luft sprengen werden.«

»Und am besten wäre es, wenn es sich um mobile Werkstätten handelte, nicht wahr? Könnten wir auch konzentrierte Lebensmittel für Pferde herstellen? Die Pferde und Esel tragen unsere Ausrüstung und Vorräte, bekommen aber oft nicht genug Futter und gehen zugrunde.«

Ein wichtiges Thema bei jedem Gespräch mit den Mudschahidin ist, dass die politischen Parteien die Kämpfer nicht länger repräsentieren, auch wenn sie es behaupten. Die Hilfe aus dem Ausland wird über diese Parteien verteilt, und die Mudschahidin müssen mit ihnen kooperieren, wenn sie nur einen kleinen Teil der Munition oder der Versorgungsgüter erhalten wollen.

»Wir kämpfen, wir lehren die Russen das Fürchten. Die

Parteien sitzen in Peschawar, streiten, verteilen die fetten Posten und die Autos unter sich und sind zu Bürokraten geworden. Wenn der Krieg morgen zu Ende wäre, würden die Parteien einfach verschwinden, denn niemand will sie wirklich haben.«

Man hatte uns ein Interview mit dem Emir Mohamadi zugesagt, Führer der Hariqat-Partei. Die Hariqat will eine Verbindung mit dem Westen, einen liberalen Islam, die Wiederherstellung des Afghanistans vor der »Katastrophe«, in dem verschiedene Auffassungen vom Islam bestehen konnten. (Und wo die Mullahs nicht so mächtig waren, wie sie seitdem geworden sind; radikale Überzeugungen blühen vor allem in schweren Zeiten auf, wie wir gesehen haben.) Der Emir ist ein Mullah. Ich war nervös, weil ich mit dem Wort »Mullah« zu einfache Vorstellungen verband. Ich hatte die Klagen der Frauen gehört: »Die Mullahs halten uns in den Flüchtlingslagern gefangen. Sie kontrollieren uns, und die Pakistaner lassen es zu.« (Das ist einer der Gründe, warum die Mullahs so mächtig geworden sind. Pakistan hat Probleme, die Lager zu verwalten, weil die Männer nicht in die Quartiere der Frauen dürfen, während man die Mullahs wegen ihrer Heiligkeit hineinlässt. Daher benutzen die Pakistaner die Mullahs, um die Frauen zu überwachen.)

Bisher hatte ich noch keinen dieser bigotten und ungebildeten (zumeist alten) Männer getroffen – und habe es bis heute nicht –, doch einige aus unserer Gruppe, die sie in ihren Filmen interviewt hatten, waren bestürzt zurückgekehrt. Mich hatte Naipauls *Eine islamische Reise* schockiert, aber ich kannte im Westen auch einige Muslime (deren Religion ich nicht höher schätze als irgendeine andere), die intelligent, weltoffen und liberal waren und sagten, dass es im Islam viele Leute von ihrer Art gibt, die sogar in einem Land wie dem Iran nur auf andere Zeiten warteten.

76

In Pakistan hatte ich noch mehr solcher Menschen kennen gelernt. Warum – hatte ich mich gefragt – war Naipaul, der den richtigen religiösen Hintergrund und die Erfahrung hatte, um jeden zu treffen, den er wollte, in so vielen muslimischen Ländern nur Glaubenseiferern begegnet? Warum berichteten so viele Leute aus dem Westen, die von ihren Streifzügen in islamische Länder zurückkehrten, nur von Fanatismus und Intoleranz? Genoss man im Westen selbst heute noch den Schauder vor den Auswüchsen des Islams, die Nachrichten von den bösen Sarazenen?

Das Zuhause des Emirs war eine Villa wie jede andere, doch der Garten war bemerkenswert: Jasmin, Rosen, Topfpflanzen, schattige Lauben – wie man sich einen orientalischen Garten vorstellt. Vor dem Hintergrund einiger Büsche stand – wie ein kleiner Thron – ein niedriges, strohgedecktes Bett, auf dem ein lachsfarbenes und violettrotes Tuch ausgebreitet war. Davor waren ein paar Matten ausgelegt. Wir ließen unsere Schuhe am Rand stehen. Der Emir Mohamadi saß mit gekreuzten Beinen auf dem Bett. Er trug ein strahlend weißes Gewand und einen lila karierten Turban von der Größe eines Tischtuchs auf dem Kopf, der um eine elegante schwarz-silberne Kappe geschlungen war. Er ließ die Gebetsperlen hin- und herschwingen; seine Hände waren muskulös und kräftig und verrieten, wie ich meinte, den Mann der Tat, des Kampfes.

Es heißt, dass wir in einer »Kultur des äußeren Scheins« leben – dass wir die Menschen zunehmend nach ihrem Äußeren beurteilen. (Mehr und mehr, denke ich, verhalten sich auch die Menschen so, wie es ihrem Aussehen entspricht.) Das fiel mir auf, als ich meine Reaktion auf den Mullah wahrnahm. Es war mir nicht besonders schwer gefallen zu akzeptieren, dass Männer, die wie Banditen auf dem Balkan des achtzehnten Jahrhunderts aussahen, klug und verständig über Weltpolitik reden konnten; doch obwohl man mir gesagt hatte, dass der Emir nicht der üblichen westlichen Vorstellung von einem Mullah entsprach, überkam mich jetzt ein starkes Gefühl von Unwirklichkeit. Ich hatte mich so weit mit dem Islam beschäftigt, um seine grundlegenden Ideen, seine Geschichte und seine großen historischen Gestalten zu kennen, und war daher nicht überrascht, dass der Emir Bildern von Rumi oder Al Ghassali glich, dem Inbegriff eines mittelalterlichen Heiligen. Aber dass er auch ein moderner Mensch sein sollte? Ich vermutete in meiner grobschlächtigen westlichen Art, dass sein Aussehen ein PR-Trick war, der einfache Gläubige beeindrucken sollte, bis ich nach meiner Rückkehr aus Pakistan einige muslimische Freunde fragte, die sagten: »O nein, mein Vater ist auch so.« »Ganz und gar nicht, mein Onkel sieht ebenso aus.« Und schließlich sind auch wir nicht besonders überrascht, wie ich annehmen darf, wenn einige christliche Sekten ihre Rituale in Trachten vollziehen, die sie wie Renaissanceprinzen aussehen lassen, und dass es christliche Orden gibt, die immer noch die Kleider mittelalterlicher Bauern tragen.

Der einführende Vortrag des Emirs über die Geschichte des afghanischen Krieges endete mit: »Es ist bekannt und belegt, dass ich den Widerstand begründet habe. Es fing mit zwei Freunden in Quetta an. Wir hatten kein Geld, gar nichts. Wir gingen zu den Studenten und fragten sie, ob sie kämpfen wollten. Wir bildeten Kommandogruppen aus und griffen acht befestigte Polizeistationen an. Die Nachricht verbreitete sich in Afghanistan wie ein Lauffeuer, und damit war der Widerstand geboren.«

Es war ein langes Interview, aus dem ich hier die Antworten wiedergebe, die mich besonders beeindruckt haben: »Wie würde Afghanistan Ihrer Meinung nach heute aussehen, wenn es keine russische Invasion gegeben hätte?«

»Wir wären frei, ist das nicht die Hauptsache? Ihre Frage überrascht mich. Afghanistan ist nicht frei. Unter den Russen gibt es keine Menschenrechte. Das ist für alle Völker auf dieser Erde bedrohlich. Wenn die Herrschaft des Gesetzes in einem Land abgeschafft ist, betrifft dieser Verlust die ganze Welt. Afghanistan hat sich in jeder Hinsicht zurückentwickelt. Wir hatten Fortschritte gemacht, was Recht, Freiheit, Presse, Kommunikation und Bildung anbetraf. Das Land war dabei, sich zu modernisieren; viele unserer jungen Leute studierten im Ausland. Wir erlebten die Herausbildung einer technologischen Elite, alles veränderte sich sehr schnell.«

Dann sprach der Emir ausführlich über den Islam, darüber, dass Afghanistan ein Vorbild für einen liberalen islamischen Staat hätte werden können. »Der Islam ist mit dem afghanischen Nationalismus verbunden, das hat sich durch den Krieg noch verstärkt. Wir werden uns nicht an dem Islam anderer orientieren, wenn wir wieder frei sind. Bedenken Sie, dass unsere Sunniten und Schiiten zusammenarbeiten; sie sind nicht so gespalten wie in anderen islamischen Ländern. Vor der ›Katastrophe‹ war Afghanistan überhaupt kein fanatisches Land; es gab fanatische Gruppen, doch sie waren ohne Einfluss und nicht sehr angesehen.«

Wir fragten: »Die Russen behaupten, dass sie die Frauen in Afghanistan befreit hätten.«

»Die Frauen hatten schon vor der ›Katastrophe‹ mehr Freiheiten bekommen; sie konnten sich verschleiern, wenn sie wollten, was einige auch taten; sie konnten aber auch Jeans und Pullover tragen, wenn es ihnen gefiel. Die meisten Frauen auf dem Land trugen keinen Schleier. Im Norden waren die Tadschiken, die Mongolen, die Usbeken und so weiter nicht verschleiert, weil es ihrer Tradition nicht entspricht. Ist es nicht die ureigene Aufgabe des Islam, die

79

Rolle der Frauen zu verändern? Oder wollen Sie behaupten, dass ein Land, dem die Politik einer anderen Nation nicht zusagt, das Recht zur Invasion hat? Historisch betrachtet, hat der Islam die Situation der Frau verbessert; bestimmte Gesetze muss man im geschichtlichen Kontext werten. Sie scheinen zu vergessen, dass die Frauen bei Ihnen im Westen erst seit kurzer Zeit, im letzten halben Jahrhundert, freier und unabhängiger geworden sind. Der Islam bietet eine gute Grundlage für einen solchen Fortschritt. Dass es Missstände gegeben hat und noch gibt, ist kein Grund, uns anzugreifen. *Statt zu behaupten, dass der Islam Frauen unterdrückt, könnte man auch sagen, dass die Männer Frauen unterdrücken.* (Hervorh. d. Autorin) Die Russen unterdrücken alle, sie geben uns keine Hoffnung auf eine positive Entwicklung. Wir verkörpern diese Hoffnung und schaffen die Grundlage für Veränderungen. Die Kommunisten unterdrücken überall Minderheiten und Religionen, und niemand protestiert. Sind Frauen denn die einzigen Menschen, die unterdrückt sind? Der Islam wird sich selbst reformieren, und die Welt kann uns dabei helfen. Der Weg, die Frauen in Afghanistan zu befreien, ist sicher nicht der, ihre Häuser zu zerstören und ihre Kinder umzubringen.«

»Was halten Sie von der gegenwärtigen Kriegssituation?«

»Der Krieg nimmt für uns einen günstigen Verlauf, auch wenn man Ihnen das Gegenteil erzählt. Aber wir brauchen genügend Boden-Luft-Raketen, schließlich kämpfen wir auch für euch. Wir bekommen Waffen von überall her und holen sie uns auch von den Russen, aber keine Boden-Luft-Raketen, die wir brauchen, um den Feind zu besiegen. Wir erbeuten von ihnen fast alle anderen Arten von Waffen, alles außer diesen Raketen.«

»Die Russen schicken eure Kinder in die Sowjetunion, um sie ideologisch zu beeinflussen. Geht diese Indoktrination tief?«

»Sie werden ausgebildet, um für die Russen in Afghanistan zu arbeiten, und einer Ideologie ausgesetzt, die sie selbst als falsch erkennen, wenn sie nach Hause kommen. Afghanen unter sowjetischem Einfluss bleiben eine kleine Minderheit und stehen unter großem Druck, sich zu ändern und wieder gute Afghanen zu werden. Wenn sie sich nicht ändern, werden sie von ihren Eltern umgebracht. Afghanen denken langfristig und sagen nicht: ›Das ist mein Kind‹, sondern: ›Das ist ein böser Mensch‹. Es wird nicht leicht für die Eltern sein, aber sie werden es tun.«

»Die Russen sagen, dass sie Ihr Land modernisieren.«

»Mussolini hat dafür gesorgt, dass die Züge pünktlich fahren, Hitler hat die Arbeitslosigkeit überwunden, aber niemand bewundert einen dieser Führer.«

»Bekommen Sie einen Gegenwert für den Verlust Ihrer Freiheit?«

»Völkermord.«

»Wie viele Kommunisten gibt es in Ihrem Volk?«

»Wenn es fünfundsiebzigtausend Kommunisten in Afghanistan gab, als die Russen das Land überfielen, was wir bezweifeln, haben wir fünfzigtausend davon getötet. Und die fünftausend, die vielleicht übrig geblieben sind, bringen wir auch noch um.«

Hinterher unterhielten wir uns ausführlich über den Emir. Ein Afghane sagte: »Der Emir stammt aus einer alten Familie mit vielen Dichtern und literarisch gebildeten Menschen, aber auch einer starken militärischen Tradition. Das ist in Afghanistan nichts Ungewöhnliches.«

Wir wollten wissen, warum er ein Mullah geworden war.

»Sie müssen begreifen, dass ein Mullah nicht unbedingt religiös sein oder eine ›Berufung‹ im westlichen Sinn haben muss. Ein Mullah ist ein Lehrer der Gesetze, der Traditionen. Es ist ganz natürlich, wenn ein Mann aus einer solchen Familie ein Mullah wird. Der Emir war lange Zeit im Parlament, von seinem Wahlkreis gewählt. Dann wurde er Senator. Die Senatoren wurden nicht gewählt, sondern ernannt; sie sind ein beratendes Gremium, so etwas wie ein Rat weiser Männer.«

Ich hörte, wie ein anderer Afghane sarkastisch sagte: »Der Emir Mohamadi musste Parlamentsmitglied werden, um sich Gehör zu verschaffen: Im alten Afghanistan reichte es nicht aus, nur ein Mullah zu sein.«

Die sieben Parteien in Peschawar sind wie Exilregierungen organisiert und verhalten sich auch so. Hilfsgüter und Waffen werden über sie verteilt; das hat ihnen mehr Macht verschafft, als gut für sie ist. Alle Mudschahidin, denen wir begegneten, waren sich einig, dass die Kämpfer überall in Afghanistan mit den Parteien unzufrieden waren. Ein Beispiel: Wir befanden uns im Hauptquartier einer Partei, als uns ein Mudschahid fragte, ob jemand von uns Deutsch spreche. Er hatte in Deutschland gearbeitet, während sein Vater und seine Brüder im Dschihad kämpften. Sein Vater wurde getötet; seine Brüder baten ihn, nach Hause zu kommen, und jetzt kämpfte er schon seit einigen Monaten bei den Mudschahidin. Das Hauptquartier ist ein schönes weißes Gebäude in leicht verspieltem Stil mit filigranen blauen Verzierungen und einem hübschen Garten. Ein bezaubernder Ort für eine Gartenparty, für entspannte Gespräche an einem Sommerabend; doch jetzt wimmelt es hier von Kriegern, Mudschahidin aus ganz Afghanistan. Wir beobachten, wie ein weißer Wagen vorfährt und ein Mullah aussteigt: »Da sehen Sie es«, sagt unser Freund, »unser Geld wird für Autos und Vergünstigungen für die Mullahs ausgegeben, Jobs für ihre Freunde. Wir Kämpfer kommen hierher, um uns Munition zu besorgen, und müssen warten, während die Mullahs hineingehen und ihre Interviews geben. Wenn ich den ganzen Tag gewartet habe, bekomme ich gerade genug Munition, um zwei Wochen zu kämpfen, dann muss ich aufhören und kann mich auf die faule Haut legen.« Und immer wieder und wieder hören wir: »Warum unterstützt ihr uns nicht? Warum gebt ihr uns keine Waffen? Wenn wir ausreichend Hilfe bekämen, wäre der Krieg in ein paar Wochen vorbei.«

In Afghanistan wächst die Kooperation zwischen den kämpfenden Gruppen verschiedener Parteien. Die Führer, die ganz unterschiedlichen politischen Richtungen angehören, versuchen ihre Bemühungen aufeinander abzustimmen. Jemand sagt: »Massud schafft allmählich Einheit in Zentralafghanistan.«

In den Parteien in Peschawar wenden sich mehr und mehr Leute, einige sogar in hohen Positionen, gegen Sektierertum und Arroganz und versuchen, Schranken abzubauen: Die Zusammenarbeit zwischen den Männern, die an der Front kämpfen, nimmt innerhalb und außerhalb Afghanistans zu.

Wir hatten natürlich nicht vergessen, dass wir etwas über die weiblichen Kämpfer Afghanistans erfahren wollten, aber die Atmosphäre einiger Interviews ließ es nicht zu, dieses Thema anzuschneiden. Doch das war nicht das einzige Problem. Fast alle unserer Interviews krankten an einer unterschiedlichen Interpretation des Begriffs »Interview«. Für uns besteht ein Interview daraus, dass Fragen gestellt und beantwortet werden. Aber wir mussten uns erst lange ermahnende Vorträge anhören, bevor wir unsere Fragen stellen konnten. Das hatte etwas mit ihrem Gefühl der Isolation, der Hilflosigkeit zu tun – »Es ist«, wie ein Kommandeur es ausdrückte, »als ob wir euch um Hilfe anflehen und unsere Worte vom Winde verweht werden.«

Meine Notizen für ein bestimmtes Interview lauteten: »X redet seit zehn Minuten.« »Fünfzehn Minuten später immer noch.« »Eine halbe Stunde ist vergangen.« »Vierzig Minuten später – er redet immer noch!« »Endlich!«

All diese verzweifelten, herzzerreißenden Appelle können wie folgt zusammengefasst werden:

1. Der Krieg entwickelt sich für die Mudschahidin nicht schlecht, sondern eher gut. Wir, der Westen, seien schlecht informiert.

2. Wir werden weiterkämpfen, bis wir die Russen besiegt haben.

3. Warum hilft der Westen uns nicht? Wo bleiben die Boden-Luft-Raketen?

4. Wir brauchen Lebensmittel: Die Russen verbrennen unsere Ernten, zerstören die Felder, die Bewässerungssysteme.

Wir verbringen Stunden um Stunden in verräucherten Hotelzimmern oder in Parteibüros, trinken Coca-Cola und hören uns an, dass der Westen die Mudschahidin im Stich lässt. Für mich ist es am schmerzlichsten, wenn sie sagen: »Offenbar wissen die Menschen im Westen nicht, wie barbarisch die Russen sind; wenn sie es wüssten, würden sie uns helfen.« Das erinnert mich an das alte Rhodesien, wo ich Jahr für Jahr, Jahrzehnt um Jahrzehnt, die Afrikaner klagen hörte: »Wenn deine Brüder in England wüssten, wie wir behandelt werden, würden sie uns helfen.« Die Männer, die das sagten, waren die Vorläufer der militanten Kämpfer, die bald darauf die Bühne betreten sollten und die heute die Generation vor ihnen verachten und sie zu Unrecht, wie ich meine, »Onkel Toms« nennen. Es ist eine Sache, einer großen Bewegung anzugehören, in der alle der gleichen Meinung sind; etwas ganz anderes ist es, isoliert zu sein, wie es die meisten jener Männer damals waren. Sie wussten, dass sie im Recht waren, weil ihnen die Briten ihr Land gestohlen hatten, aber sie vertrauten den Menschen in England, die sagten, dass ihre Rechte, die afrikanischen Rechte, respektiert werden müssten. Und deshalb wiederholten sie arglos und überaus beharrlich: »Wenn unsere Brüder in England wüssten…«

Ihre Brüder in England scherten sich keinen Deut um sie. Als ich aus Südrhodesien kam und den Menschen erzählen wollte, wie die Weißen die Schwarzen in Südafrika oder in Südrhodesien behandelten, nannte man mich und das halbe Dutzend anderer Leute, die versuchten, die öffentliche Meinung zu verändern, »Rote«, »Kommunisten«, »Liberale« – was im südlichen Afrika stets ein Schimpfwort war –, »Unruhestifter« und so weiter. Man begegnete uns gönnerhaft, brachte uns zum Schweigen und belächelte unser Engagement. Bei einer Debatte über die Situation in Südrhodesien war das Unterhaus wie leer gefegt. In gewissen Kreisen fing man gerade an, Kritik an Südafrika zu üben, was zum Teil an bestimmten Romanen lag, die soeben erschienen waren, einer davon Alan Patons *Cry the Beloved Country*. Aber Südrhodesien, eine britische Kolonie? Es konnte doch nicht sein, dass wir uns so schlecht benahmen. *Nicht wahr? Wir, die Briten?* Aber ich frage mich heute zunehmend: Angenommen, die Menschen wären damals, in den frühen Fünfzigerjahren, bereit gewesen, auf die wenigen warnenden Stimmen zu hören – hätten dann spätere Katastrophen verhindert werden können? Die sieben Jahre Bürgerkrieg in Südrhodesien zum Beispiel? Meiner Meinung nach, ja. Ein Jahrzehnt später war es »allgemein üblich«, wie es so schön heißt, die weißen Regimes im südlichen Afrika zu kritisieren, doch da war es zu spät.

»Wenn die Leute im Westen wüssten, wie sehr wir in Afghanistan leiden müssen…« Nicht alle Motive, die man hier dem Westen unterstellt, sind so unschuldig.

»Die Vereinigten Staaten und die Sowjetunion haben ein geheimes Abkommen getroffen: Russland darf mit Afgha-

nistan machen, was es will, wenn es die Hände von Süd-
amerika lässt. Das erklärt Grenada; die Sowjetunion ver-
letzte die geheime Vereinbarung und musste bestraft werden.« Das kam aus dem Mund eines Mudschahid; er trug
eine russische Pelzmütze, die von einem Soldaten stammte,
den er zwei Wochen zuvor in der Nähe von Kabul getötet
hatte.

Ein Mudschahid mit Narben aus vielen Schlachten, dessen Finger von einer »Spielzeug«-Bombe abgerissen waren,
sagte: »Es passt den Amerikanern gut, dass sich die Russen
hier in Afghanistan festfahren. Während wir sie beschäftigen, werden sie kaum daran denken, etwas anderes anzufangen. Unser Kampf hält das politische Gleichgewicht
aufrecht. Angenommen, wir würden die Russen morgen
aus Afghanistan vertreiben? Dann hätten sie freie Hand,
sich woanders neue Abenteuer zu suchen. Vielleicht kleine
Scharmützel an der chinesischen Grenze, vielleicht einen
kurzen Ausflug nach Europa. Europa ist wie Amerika,
beide sind geteilt, und das macht euch verwundbar. Oder
vielleicht Schweden? Schweden ist schwach, weil es so
lange neutral war. Als der russische Bär Finnland angriff,
wurde es übel zugerichtet und musste zusehen, wie die
Norweger die Deutschen bekämpften.«

Im Büro der Hariqat sagte ein Mudschahid: »Es ist offenkundig, dass die Vereinigten Staaten diesen Krieg jetzt
beenden könnten, wenn sie uns ausreichend unterstützen
würden, doch das tun sie nicht, und warum nicht? Amerika hat Vietnam immer noch nicht überwunden, etwas in
ihnen sagt: Wenn dieses kleine Land Afghanistan, so viel
schlechter bewaffnet als die Vietnamesen, die große russische Nation schlagen kann, dann stehen wir (die Amerikaner) noch schlechter da als die Russen. Das ist ein Gedan-
kengang, der ihnen vielleicht nicht einmal bewusst ist, aber

dazu führt, dass sie den Krieg absichtlich auf einem niedrigen Niveau halten; sie wollen nicht, dass die Russen in Afghanistan siegen, aber sie wollen auch nicht, dass wir gewinnen. Wenn wir gewinnen, wird zum ersten Mal ein Krieg gegen den Kommunismus gewonnen, und die Sieger sind ein Haufen zerlumpter Mudschahidin, was Amerika nicht gut zu Gesicht steht. Das Grundproblem ist, dass die Vereinigten Staaten geteilt sind und die Russen nicht; Letztere sind eine imperialistische Weltmacht und wissen genau, was sie wollen und wie sie es bekommen. Sie erreichen ihre Ziele durch Unterdrückung und Lügen.«

Auf dem Hotelrasen unter den Bäumen saß eine Gruppe Mudschahidin. Sie gehörten nicht der Hariqat an, sondern einer anderen Partei. Wieder war ich von den verschiedenartigen Gesichtern beeindruckt: Sie stammten aus unterschiedlichen Regionen Afghanistans. Ein Afghane hatte mir erklärt: »Afghanistan ist eine Mischung aus verschiedenen Völkern mit verschiedenen Ursprüngen. Sie mögen sich nicht unbedingt. Aber sie lassen sich gegenseitig in Ruhe. Es ist so ähnlich wie bei den Schotten, den Walisern und den Engländern. Sie lieben sich auch nicht gerade, bekämpfen sich aber nicht. Die Nomaden – die Mongolen, die Turkmenen, die Kirgisen, die Usbeken und so weiter – betrachten sich als eigenständige Völker, kämpfen aber gemeinsam gegen den Eindringling.«

Die Gruppe auf dem Rasen war soeben von der Front in der Nähe von Kabul zurückgekehrt. Sie wirkten kriegsmüde.

Kurz vor ihrer Ankunft hatten wir über drei Artikel des Journalisten Jonathan Steele im *Guardian* diskutiert, der als Gast der Russen alles geschluckt hatte, was sie ihm aufgetischt hatten. Er war sogar auf den Trick mit den potemkinschen Dörfern hereingefallen, den die Russen seit Jahrhunderten erfolgreich anwenden. (Potemkin war der General unter Katharina der Großen, ihr bevorzugter Liebhaber, der Fassaden blühender Dörfer aufbaute, damit der Hof oder ausländische Besucher das Elend der Bevölkerung nicht zu sehen bekamen. In diesen Tagen zeigen die Russen leichtgläubigen Journalisten eine noch unversehrte Gegend und behaupten, es sei das Gebiet, nach dem die Journalisten gefragt hätten; in Wirklichkeit aber ist dieses zerbombt und zerstört.)

War es nicht überraschend, dass der *Guardian* eine prosowjetische Haltung einnahm? Keineswegs, hatte ich gesagt: Der *Guardian* neige zu solchen Fehlern. Zur Zeit der Zentralafrikanischen Föderation (heute vergessen, aber damals eine wichtige Angelegenheit), die ein letzter Versuch der Weißen war, ihre Herrschaft durch die Vereinigung von Südrhodesien, Nordrhodesien und Njassaland (heute Simbabwe, Sambia und Malawi) aufrechtzuerhalten, unterstützte der *Guardian* diesen Plan, zusammen mit den Zeitungen, von denen man nichts anderes erwartet hätte.

Es vermittelte mir ein starkes Gefühl der Unwirklichkeit, als ich hörte, wie in dieser Umgebung über den *Guardian* und andere westliche Zeitungen gesprochen wurde.

Ein Mudschahid sagte: »Warum überrascht Sie das? Die Briten haben die halbe Welt mit dem Argument erobert, dass es ihr Recht sei, die Völker zu ›zivilisieren‹. Sie haben es auch bei uns versucht. Heute haben die Briten zwar ihr Empire verloren, sind aber nach wie vor Imperialisten. Wenn die Russen ein Land überfallen und zerstören, sprechen sie von ›Zivilisieren‹ und ›Modernisieren‹. Genau wie früher die europäischen imperialistischen Mächte. Deswegen ergreifen Zeitungen wie der *Guardian* die Partei der Russen; sie können zwar selbst keine Imperialisten mehr sein, aber imperialistische Haltungen bei anderen unterstützen.«

Ein Interview mit dem Erziehungsminister der Hariqat begann mit der üblichen Bitte um Hilfe und der Beschwörung ihrer heroischen Haltung. Dann sagte er: »Wenn wir morgen siegen, haben wir genügend Leute, um Afghanistan gut zu regieren; bei den Flüchtlingen in den Lagern und bei den Mudschahidin gibt es so viel Talent, Können und Wissen, das im Augenblick nicht genutzt werden kann. Doch wenn wir den Krieg die nächsten zehn Jahre weiterführen müssen, werden wir schweren Schaden nehmen, weil unsere Kinder keine moderne, technologische Ausbildung erhalten. Ja, manchen unserer Kindern wird geholfen, aber nicht genug, und ihre Begabung kann sich nicht entwickeln. Die Pakistaner helfen unseren Kindern, sind aber nicht in der Lage, uns so stark zu unterstützen, wie sie gern möchten, weil sie ein armes Land sind und es nicht leicht haben. Alle Parteien in Peschawar und Quetta haben Schulen, aber zu wenige; niemand hat genug Geld, um Lehrer anständig zu bezahlen. Die Eltern in den Lagern versuchen ihr Bestes, haben aber ebenfalls kein Geld. In den Flüchtlingslagern gibt es viele Kinder, wie Sie wissen, aber keine Schulen. Die meisten Familien dort haben zwischen vier und zehn Kinder, die keine Ausbildung erhalten. Die befreiten Gebiete in Afghanistan sind ein weiteres Problem. Wir haben ein Netz aus Grundschulen nach altem Muster: Schulen in Moscheen, religiöse Schulen, aber keine weiterführenden Schulen. Wenn wir höhere Schulen bauen würden, würden die Russen sie sofort bombardieren. Die Russen bombardieren vor allem Schulen und Krankenhäuser. Das ist in ihrem Sinn logisch, weil sie keine gebildete Bevölkerung wünschen und nicht wollen, dass sich die Mudschahidin erholen, wenn sie verwundet sind. Deswegen bombardieren sie Schulen und Krankenhäuser. Jetzt haben wir zum Glück erfahren, dass die USA uns für den Bau weiterer Schulen in den befreiten Gebieten Geld geben wollen, wenn die Parteien hier in Peschawar kooperieren.«

Wir fragten: »Sind Sie der Meinung, dass die Parteien alle zusammenarbeiten sollten?«

»Natürlich sind wir in unserer Partei dieser Auffassung: In den befreiten Gebieten werden in unseren Schulen, den Schulen der Hariqat, Kinder aller Parteien akzeptiert. Es ist sehr gut, dass die Amerikaner diese Bedingung stellen. Aber die Hilfe, die sie geben, reicht nicht aus. Doch wenn andere Länder uns genauso viel für die Erziehung geben würden, wie es Amerika tut, könnten wir vielleicht das Ende unserer Schwierigkeiten absehen.«

Ein Flüchtling muss sich bei einer der Parteien registrieren lassen, um Lebensmittelrationen zu erhalten. Das bedeutet, dass Menschen, die keiner Partei angehören und nicht eingetragen sind, verhungern oder von Verwandten durchgefüttert werden müssen, die selbst kaum genug zu essen haben. Um es deutlich auszudrücken: Die besonders unabhängig denkenden Menschen, die sich nicht durch eine Partei definieren lassen wollen, haben es sehr schwer, sich und ihre Kinder zu ernähren.

Nicht alle diese Flüchtlinge befinden sich in den Lagern; wir verbrachten ein paar Tage damit, Menschen zu besuchen, die für sich eine Nische in Peschawar gefunden hatten. Sie hatten sich auf einem leeren Grundstück kleine Lehmhütten gebaut oder sich irgendwie in schon existierende Straßenzüge eingefügt.

Sofort waren wir inmitten der Probleme, die alte Hasen als unvermeidlichen Teil der »Peschawar-Erfahrung« hinnehmen oder sogar zu genießen scheinen. Da es uns nicht gelang, an die kämpfenden Frauen Afghanistans oder zumindest an Nachrichten von ihnen heranzukommen, beschlossen wir, gebildete Frauen zu filmen und zu interviewen. Ein junger Mann war von einer Partei beauftragt worden, sich um uns zu kümmern und uns alles zu zeigen. (Er war Mudschahid gewesen und vom Kampf freigestellt worden, damit er sich um Verwandte in den Lagern kümmern konnte.) Er sagte, es wäre überhaupt kein Problem, wenn jemand von uns, selbst Leon, diese Frauen filmen wollte. Also machten wir uns in seiner Begleitung auf den Weg zu der betreffenden Adresse. Als wir dort ankamen, zogen wir unsere Schuhe aus und wechselten Höflichkeiten mit mehreren Männern, bevor man uns drei Frauen in den Frauenbereich führte. Das waren zwei kleine Zimmer und ein kleiner Hof, ärmlich, sauber, karg. Die Räume waren im afghanischen Stil mit Matratzen und Kissen an den Wänden und Matten auf dem Fußboden möbliert. Die Wände bestanden aus verputzten, weiß getünchten Steinen. Wir wurden von zwei jungen Frauen, einer alten Frau und vielen Kindern empfangen; sie waren freundlich, drängten sich um uns und wollten gern mit uns reden. Im Gespräch mit den Mudschahidin gibt es immer Probleme, weil sie sich so betont heldenhaft und mutig geben müssen, doch bei den Frauen ist das ganz anders. Sie erzählen dir sofort, wie es war, wie schrecklich, wie furchtbar; wie sie gelitten haben und wie sie heute leiden. Sie weinen; sie schildern dir all die Einzelheiten, die Journalisten gern wissen möchten und die sie nur mühsam von den Männer erfahren.

Diese Familie ist vor vier Jahren aus den Bergen gekommen. Ihr Dorf mit vielen Frauen und Kindern wurde von den Russen bombardiert; die Männer waren in den Kampf gezogen. »Von unserem Dorf ist nichts übrig geblieben«, sagen sie. »Unsere Familie bewahrte ihre Vorräte in einem Keller unter dem Haus auf. Wir gingen hinunter und wurden gerettet, obwohl das Haus über uns zerbombt wurde. Hundert Menschen flohen aus dem Dorf, sieben aus unse-

rer Familie, darunter auch dieses Kind.« (Nadala, ein leb-
haftes kleines Mädchen, inzwischen neun Jahre alt, sagt,
dass sie sich noch genau an diese schreckliche Wanderung
erinnern kann.) »Durch Schnee und Eis, aber nirgends gab
es Wasser, die Zungen der Kinder waren vom Wasserman-
gel angeschwollen. Wir brauchten zwei Wochen, die Russen bombardierten uns im Tiefflug Tag und Nacht. Dieses
Mädchen hier«, eine der jungen Frauen, »saß mit einem
Baby im Arm auf einem Pferd; ein russisches Flugzeug kam
herunter, und sie spürte, dass das Baby blutete. Sie stürzte
vom Pferd, das Baby war tot. Vielen sind die Füße erfroren.
Von den hundert Menschen, die mit uns gingen, schafften
es nur zehn durch die Berge nach Pakistan. Jetzt leben wir
hier an diesem Ort. Die Männer kamen einige Wochen später nach. Und als sie sich überzeugt hatten, dass wir in Sicherheit waren, gingen sie zurück, um mit den Mudschahidin zu kämpfen.«

Die alte Frau übernahm das Gespräch; sie weinte, lachte
und mimte das Geräusch der Tiefflieger, der Panzer, der
Geschütze, der Granaten. Sie war voller Leben und Empörung. Wir saßen mit den Frauen und Kindern beisammen
und verstanden uns in der weiblichen Gemeinschaft sehr
gut. Eine Frau aus unserer Gruppe sprach Farsi, aber wir
wären auch ohne sie ganz gut zurechtgekommen.

Als wir genug Zeit mit Höflichkeiten verbracht hatten,
fragten wir, ob wir sie filmen dürften. Sofort machte sich
Widerwillen, Unbehagen breit. Die zwei jungen Frauen
sagten, dass ihre Männer, die sie um Erlaubnis bitten müssten, nicht da seien. Eine hatte offenbar Angst vor ihrem
Mann. Aber die ungute Stimmung verflog wieder, und wir
setzten das Gespräch fort. Sie beklagten sich, dass ihr Leben heute so eng geworden sei, dass sie hier nach ihrem
freien, offenen Leben im Dorf so eingeschlossen waren.

Dann tauchten plötzlich zwei Männer auf, und alles

wurde anders. Einer von ihnen war ein Lehrer, der ein wenig Englisch sprach. Er hatte bis vor kurzem in der afghanischen Armee gekämpft, war aber mit viertausend Soldaten desertiert, die ihre Kalaschnikows und vier Panzer mitgenommen hatten. Hunderte von solchen Männern kamen nach Peschawar. Der andere war ein Mann, der für uns zum Symbol enttäuschter Hoffnungen in Peschawar wurde, der viel beschworenen »Peschawar-Erfahrung«. Er war kleiner als die meisten Afghanen und hagerer, mit einem verkniffenen, düsteren Ausdruck, misstrauisch, ein Tyrann. Er war der gefürchtete Ehemann. Und plötzlich waren die Frauen von der Veranda verschwunden und nach hinten gegangen, wo sie durch die Fenster spähten oder in einer winzigen Küche kochten, sittsam im Hintergrund, den Schleier über das Gesicht gezogen. Die beiden Männer nahmen ihre Plätze auf der Veranda ein und setzten sich mit den Kindern auf dem Schoß und den Schultern zu uns; offenbar waren sie sehr gute Väter. Die jungen Frauen waren beide schwanger, säugten kleine Babys und hatten noch ältere Kinder. Diese Frauen, afghanische Schönheiten mit dickem Bauch und Milchbrüsten, von Kindern umgeben, waren verwundbar, brauchten Schutz: Es war nicht schwer, sie mit den Augen der Männer zu sehen. Wir beobachteten ein Stadium des Familienlebens, das im Westen seit langem durch Geburtenkontrolle und Frauenbefreiung verschwunden ist. Dieser besitzergreifende, zornige Gefängniswärter-Ehemann mit seinen glühenden Augen war im herkömmlichen Sinn vermutlich ein ebenso guter Mann wie Vater: treu ergeben, eifersüchtig, sinnlich, fordernd, allmächtig.

Einige von uns emanzipierten Frauen träumen in ihren schwachen Momenten manchmal von – tja, wovon träumen wir wohl? – einem richtig altmodischen Ehemann. Leider kann man das eine nicht ohne das andere haben: Man kann den Kuchen nicht behalten und essen. Die freundlichen, umgänglichen Männer aus unserer Kultur werden nie so sein wie dieser, dem Weiblichen huldigende Polizist (er war wirklich Polizist, in der Sicherheitsabteilung), dessen Frau Angst vor ihm hatte. Solche Männer bedrängen ihre Frauen nie mit heftigen, zornigen, hungrigen Bedürfnissen, und wenn, dann kommen sie damit nicht sehr weit. »Was glaubst du eigentlich, wer du bist? Hitler?« Und so sind sie unsicher und gehen ihrer Wege. Sie sind nie wirklich beteiligt, nicht in ihrem tiefsten Wesen. Was ich dort auf dieser kleinen Veranda beobachten konnte, war ein Extrem, das weit jenseits der Erfahrung westlicher Frauen lag: den leidenschaftlichen, geschlechtlichen Mann; je mehr Kinder, desto besser.

Aber es war auch der Blick in ein kleines, schwüles Gefängnis.

Während mir diese Gedanken durch den Kopf gingen – die sowohl die weiblichen als auch die männlichen Afghanen hier allesamt für verrückt erklärt hätten –, redeten die Männer über den Dschihad und die Russen. Wussten wir, dass die Russen mindestens eine Million Zivilisten umgebracht haben? Sie glaubten, dass es noch viel mehr waren. Wussten wir, dass die Frauen und Kinder, die wir hier sahen, ebenso gut hätten tot sein können? Wussten wir, dass es in Pakistan mindestens drei Millionen Flüchtlinge gab, vermutlich eher vier Millionen? Und was war mit der Million, vermutlich eher zwei Millionen Flüchtlingen im Iran? Wussten wir…?

Wenn wir die jungen Frauen nicht filmen dürfen, fragten wir, dürfen wir dann vielleicht die alten…? Warum nicht? lautete ihre großzügige Antwort.

Und dann versuchten wir ihnen zu erklären, was mit Öffentlichkeit, dem »Bild« in der Öffentlichkeit, gemeint ist, Propaganda, Information. Diese Menschen verstanden es nicht, es war ihnen fremd.

»Warum sollen wir das wiederholen, was wir Ihnen gerade gesagt haben?«, fragte die alte Frau vernünftigerweise.

»Wir wollen zeigen, wie Sie Ihre Geschichte den Menschen in Amerika erzählen, weil man dort nicht begreift, was Ihnen zugestoßen ist.«

»Die Russen haben unser Dorf bombardiert, dann gingen wir über die Berge und...« Aber sie spricht jetzt wie ein Automat.

Plötzlich sagt jemand von uns: »Erzählen Sie uns doch von Ihrem Zuhause in Afghanistan.«

Daraufhin bricht die alte Frau in Tränen aus, vergisst die Kamera und verfällt in eine Klage oder eine Art von Singsang: »Oh, Afghanistan, Afghanistan, meine Liebe, ich sehne mich nach meinem Haus, meiner Heimat, meinen Leuten, meinem Afghanistan.« Ich denke an die Ironie, dass die Russen, die immerzu von ihrer *rodina*, ihrer Heimat, reden, eigentlich großes Verständnis dafür haben müssten.

Der Lehrer schiebt einen kleinen Jungen nach vorn, der eine primitive Kalaschnikow aus Holz trägt. Er brüllt »t-t-t-t-t!« und die Worte »Freiheit und Tod!«, die ihm sein Vater vorsagt.

»Solange es hier Russen gibt, werden wir kämpfen«, sagen die Männer und die alten Frauen und die Kinder, nur für den Fall, dass wir es immer noch nicht begriffen haben.

Leon durfte nicht hinein, um diese Familie zu filmen. In der Zwischenzeit sprach er in einem anderen Zimmer mit zwei jungen Männern, die in Kabul studiert hatten, aber keinen Platz an der Universität von Pakistan bekommen konnten. »Wir haben jetzt viel Zeit; wir sind frei, wie Sie sehen«, sagten sie lachend. Sie waren die Brüder einer jungen Ärztin, die in einer Klinik arbeitete, in der weibliche Flüchtlinge und Kinder behandelt wurden. Sie unterstützte ihre ganze Familie. Und was war mit dem jungen Mann, der gesagt hatte, dass es »kein Problem« wäre, die Frauen zu filmen? Er hatte sich in Luft aufgelöst.

Wir, die Frauen, gehen jetzt in das Zimmer der Ärztin. Es erinnert mich an die Zeit in meinem Leben, in der ich arm war. Der Raum ist kahl und weiß getüncht; auf dem Boden liegen billige, hübsche farbige Matten, an den Wänden hängen Bilder aus Magazinen und eine bunte Decke. An den Wänden entlang liegen Matratzen und Strohsäcke, auf die wir uns setzen, alle außer mir mit bequem gekreuzten Beinen. Ich weiß nicht, wie man das macht. Im Zimmer ist es heiß und feucht. Ihr Vater hat in Kabul eine Fabrik für Wollwaren geleitet und insgeheim den Mudschahidin geholfen. Die Diener hörten, dass die Kommunisten ihn verhaften wollten, und warnten ihn. Er ist mit seiner Familie geflohen: »Und so gingen wir über die Berge, während uns die Russen bombardierten...«

Ihre Mutter war Steuerberaterin und hat in Amerika gearbeitet. Alle haben andere Länder gesehen. Die junge Ärztin erzählt, dass sie in Kabul frei war, westliche Kleider trug, studierte und arbeitete, wie sie wollte. Jetzt ist sie in Purdah und muss sich verschleiern, sobald sie einen Schritt vor die Tür setzt. Sie kann nicht einmal in die Bibliothek gehen, um sich Bücher zu holen; ihre Brüder müssen sie ihr mitbringen. Sie kann überhaupt nichts tun, außer am Abend etwas lesen: »Was können wir hier sonst schon machen?« Es zeigt, wie stark ich schon von dem strengen, puritanischen Geist in Pakistan durchdrungen bin, dass ich frage: »Gibt es kein Café, Restaurant oder vielleicht Theater, das Sie besuchen könnten?«, und dabei das Gefühl habe, als ob ich gefragt hätte: »Gehen Sie denn gewöhnlich ins Bordell?« Ihr Lächeln bestätigt die Albernheit der Frage und macht sie mir bewusst.

96

Ein Flüchtlingslager besteht meist aus einem Labyrinth kleiner, ineinander übergehender Räume und, wenn man Glück hat, auch engen Höfen. Die Wände sind gewöhnlich aus Lehm, manchmal weiß gekalkt. Man findet aber auch Lager, die nur aus Hunderten von Zelten bestehen, die jeweils von einer niedrigen Lehmmauer umgeben sind. Die Sitte in Purdah verlangt, dass es einen äußeren Raum für die Männer gibt, den die Frauen nicht betreten dürfen, wenn männliche Besucher da sind; dieser Sitte wird, wenn irgend möglich, entsprochen. Die Zimmer sind überfüllt und nur mit den Strohsäcken an den Wänden und ein paar Regalen für Lebensmittel und persönliche Dinge ausgestattet. Es ist der Gipfelpunkt der Armut. Überall sind Kinder. Die Frauen schaffen es irgendwie, mit den kargen Rationen zu wirtschaften, die über die Parteien verteilt werden. Ihre Männer kämpfen und kommen zu Besuch, wenn es ihnen möglich ist.

Manchmal hat eine Familie oder eine Gruppe von Familien einen Mann, der sich um sie kümmert. Ein paarmal hörten wir, dass Massud, Hakkani und andere Kommandeure einen Mudschahid von der Front zurückgeschickt hatten, damit er sich um seine Familie kümmerte.

Diese Menschen verlassen sich nicht passiv darauf, dass man ihnen hilft und sie versorgt. Peschawar ist voll von Afghanen, die lauter kleine Geschäfte begonnen haben. Auf den alten Märkten von Peschawar verkaufen sie Essen, afghanische Waren aller Art, Wandbehänge, Teppiche, Messinggeräte, Kleider und die traurigen Erinnerungen an die toten russischen Soldaten: ihre Pelzmützen, Kappen, die Abzeichen mit dem Roten Stern, Gürtel und so weiter. Diese Sachen werden zusammen mit Briefen und Nachrichten von zu Hause auf Pferden und Eseln aus Afghanistan herangeschafft. Ein unaufhörlicher Verkehrsstrom zieht über die Grenze. Würden sich die Pakistaner vielleicht weniger unbehaglich fühlen, wenn die Afghanen nicht so geschäftstüchtig wären? Die Pakistaner beklagen sich darüber, dass die Afghanen ihnen die Arbeit wegnehmen. Die Antwort lautet: »Wir nehmen euch keine Jobs weg, wir machen unsere eigenen kleinen Geschäfte auf.« Auch die Lager sind voll von kleinen Unternehmen.

Ich höre, wie zwei Afghanen aus der Mittelklasse, die irgendwie in Peschawar überleben, darüber sprechen, warum der Westen den Flüchtlingen nicht helfen will.

»Ich glaube, das liegt daran, dass wir uns nicht einfach in unser Schicksal ergeben und die Hilflosigkeit akzeptieren«, sagt der eine. »Worauf der Westen reagiert, ist ein verhungerndes Kind – vorzugsweise ein schwarzes. Doch nun stellen Sie sich vor, dass in Ihrem Fernsehen folgendes Bild erscheint: Ein Afghane, der bei den Mudschahidin kämpft, wird verwundet und kann nicht mehr an die Front. Er verkauft gebratene Klöße am Rand der Straße, wo die Mudschahidin vorbeikommen, wenn sie ihre Familien im Lager besuchen wollen. Seine Frau und seine sieben Kinder befinden sich in diesem Lager. Er arbeitet vom Morgengrauen bis zur Abenddämmerung und verdient gerade genug, um seine Kinder vorm Verhungern zu bewahren, aber nicht um sie ausreichend zu ernähren, sie mit warmer Kleidung zu versorgen und in die Schule zu schicken. Würden die Menschen auf diese Geschichte reagieren?«

»Nein«, sagt der andere. »Es ist eine Frage der Konditionierung. Sie sind es gewohnt, auf das schwarze Kind zu reagieren, aber nicht auf uns.«

Ich fragte einen pakistanischen Freund, ob Pakistan von dieser Invasion afghanischer Initiative und Energie nicht langfristig profitieren könne. Gewöhnlich kommt es einem Land ein oder zwei Generationen später zugute, wenn es Flüchtlinge aufgenommen hat. Er sagte, Pakistan hätte bereits zu viele Probleme, um von neuen profitieren zu können. Amerikaner und andere Leute im Westen meinten allerdings, dass den Pakistanern eine Dosis afghanischer Energie und Ausdauer nicht schaden könne.

Es ist leicht, »drei Millionen, vier Millionen Flüchtlinge« zu sagen, aber erst wenn man die Flüchtlingslager sieht, die sich meilenweit erstrecken, bekommt man ein Gefühl dafür, was das bedeuten kann: endlos viele kleine Räume mit Lehmwänden oder elende Hütten; Schwärme von Kindern, die meisten von ihnen ohne Schulausbildung; Frauen, die eingesperrt sind; mangelnde sanitäre Einrichtungen, zu wenig Wasser. Und die Flüchtlinge strömen immer noch aus Afghanistan hierher, zu Tausenden, zu Hunderttausenden. Ein amerikanischer Arzt sagte: »Die Russen werden erst zufrieden sein, wenn sie jeden Afghanen aus Afghanistan vertrieben haben. Das ist ihr Ziel, ein leeres Land, das sich ohne Widerstand kolonisieren und ausbeuten lässt. Sie wissen, dass sie jeden Afghanen, der in diesem Land lebt, umbringen müssen.«

»Ja, aber sie werden auch jeden Afghanen, der außerhalb des Landes lebt, bekämpfen müssen.«

»Und darum versuchen sie zu erreichen, dass die Grenzen geschlossen werden.«

Fast der ganze Grenzverkehr – die Kämpfer, ihre Ausrüstung, ihre Tiere, Waren für den Markt, Journalisten, Spione und Dorfbewohner – fließt in beiden Richtungen durch das Land der Paschtunen, die sich nie einer Regierung verpflichtet gefühlt haben. Sie lieben weder Pakistan noch Kabul oder die Russen. Sie haben eine lange und überraschende Geschichte; sie behaupten, Beni Israel zu sein, einer der zehn Stämme Israels, der vor langer, langer Zeit von Nebukadnezar nach Afghanistan gebracht wurde. Kurz und bündig gesagt, sie sind Juden. Sie haben Namen aus dem Alten Testament, auf alten Grabsteinen stehen hebräische Inschriften, sie befolgen einige jüdische Sitten. Diese Leute gelten selbst bei den Afghanen als wild und unversöhnlich. Sie haben sich geweigert, mit den Russen zusammenzuarbeiten, um die Mudschahidin zu vernichten; doch inzwischen setzen die Russen eine geschickte Politik ein, um diese Stämme zu gewinnen. Die Paschtunen glauben, dass ihnen Land gestohlen wurde, sie fühlen sich in ihrem kleinen Gebiet eingepfercht. Die Russen bieten ihnen Land an, wenn sie aus den Grenzregionen wegziehen, oder Geld, wenn sie dort bleiben wollen und den Mudschahidin die Unterstützung verweigern. Dieser Bestechungsversuch trägt schon gewisse Früchte. Werden sie damit Erfolg haben? Wenn ja, dann wird einer der Wege aus Pakistan nach Afghanistan für die Mudschahidin verschlossen sein – vielleicht sogar der wichtigste. Aber die Paschtunen lassen sich nicht dauerhaft bestechen, wie die Geschichte zeigt: Sie haben immer Geld genommen, von jedem, der es ihnen anbot, und dann doch ihre eigenen Interessen verfolgt. Sie hassen die Russen, und darauf beruht die Hoffnung der Mudschahidin.

Vier Leute aus unserer Gruppe kehrten in das Viertel zurück, wo die unregistrierten Afghanen leben, begleitet von unserem kleinen Polizisten, der uns klar machte, dass wir ohne ihn nicht gehen dürften. Aber mit welchem Recht? Wer hatte das angeordnet? Wir sollten es nie herausfinden. Irgendeine Art von Beschützer müssten wir haben, meinten diejenigen, die Afghanistan-Erfahrung hatten. Wir dachten eigentlich, dass wir nicht besonders auffällig waren: drei Frauen, eine Britin (aus dem alten Südrhodesien, geboren im Iran, aber das sei einmal dahingestellt); eine Texanerin; ein afghanisches Mädchen, das in Großbritannien geboren war, und ein schwedischer Filmemacher – nichts Besonderes im Westen, wo sich die Menschen vermischen und vermengen und sich überall bewegen –, doch den Behörden in diesem Land zufolge waren wir einfach unmöglich. Was machten wir hier? Nun, sagten wir, wir arbeiten für Afghan Relief und wollen uns... Aber warum alle zusammen? Nun, wir seien befreundet, erwiderten wir. *Aber, aber, aber!* – »Sie sollten besser bei Ihrem Polizisten bleiben, er ist nicht so übel, wie Sie meinen, und könnte Sie vor vielem bewahren.«

In jeder kleinen Gasse, an jedem kleinen, staubigen Platz, an jedem Haus floss an der Seite ein flacher Abwassergraben vorbei: für alles, was man loswerden will. Der Gestank war durchdringend. Nancy Sheils, an das südliche Indien gewöhnt, meinte, dass die moderne Abwasserentsorgung eine westliche Zwangsvorstellung sei und dass Millionen von Menschen sehr gut ohne sie zurechtkämen. Ich warf ein, dass die Menschen in Großbritannien vor der Einführung dieser Systeme an Cholera, Thyphus und Ruhr gestorben sind und dass ich auf Rinnsäle voller Exkremente nicht vorbereitet war. Aber bei meinem zweiten Besuch in dieser Gegend fiel mir auf, dass ich kaum mehr bemerkte, was mich beim ersten Mal so sehr gestört hatte.

Neben den Räumen, die wir besichtigten und die voll gestopft mit Menschen aller Altersstufen waren, lebte ein Qazi und seine Familie. Er war so etwas wie ein Richter, arbeitete hier aber als Pförtner. Eine der Frauen, seine Schwägerin, war mit dem Daud verwandt, der Afghanistan den Russen geöffnet hatte. Wir wollten sie nicht unbedingt fragen, was sie heute von ihrem vornehmen Verwandten hielt. Junge Frauen, alte Frauen, Kinder und der Qazi, von denen einige Englisch sprachen, wollten uns gar nicht mehr weglassen, weil sie sich bei ihrem langweiligen Leben in dem überfüllten Zimmer oder in dem Labyrinth der Straßen nach jeder Art von Abwechslung sehnten. Und die Frauen waren in Purdah natürlich sehr unglücklich.

Es waren Leute, die in Afghanistan Häuser, Gärten und ein gutes Leben gehabt hatten.

Dann wurden wir ohne weitere Ankündigung auf einen staubigen Platz zwischen drei Steinmauern geführt, wo man ein Zelt aufgestellt hatte. In dem Zelt saßen eine junge Frau mit verschleiertem Gesicht, ein Mann, der bedrückt und verzweifelt aussah, und ein Junge von etwa fünf, sechs Jahren, der nichts mit sich anzufangen wusste. Ein Baby war wie bei den nordamerikanischen Indianern in ein Moskitonetz eingewickelt, wachte gerade auf und sah ganz gesund und normal aus. Ein Baby jedoch war gestorben, »als wir über die Berge kamen«, und ein anderes Kind, ein Jahr älter als das Baby, aber genauso groß, lag mit dem Gesicht nach unten so still und reglos da, dass wir glaubten, es sei tot oder läge im Sterben. Irgendetwas stimmte nicht mit ihm. Die Familie war nicht für Lebensmittelrationen registriert: Der Mann schleppte für ein paar Rupien in der Woche Lasten auf dem Markt. Jetzt war es heiß, muffig und staubig in dem Zelt. Bald würde es kalt und staubig werden, aber einen anderen Platz hatten sie nicht, um den Winter zu überleben.

Auf allen Straßen, überall, standen Afghanen im Gespräch zusammen. Die ganze Gegend wimmelte von Afghanen. An Ständen wurden Obst und Gemüse verkauft. Die meisten Männer waren Mudschahidin, die zwischen den Kämpfen zu Besuch gekommen waren. Dann führte man uns in ein Zimmer, das mir luxuriös vorkam, bis ich bemerkte, wie sehr sich meine Maßstäbe in ein paar Tagen verändert hatten. Der Raum war einigermaßen groß, hatte eine hohe Decke und frisch geweißte Wände. Auf dem Fußboden lag ein echter afghanischer Teppich. Die Matratzen an den Wänden waren mit Brücken und Kissen geschmückt, und auf dem Bett lag ein gewebter bunter Überwurf. An der Decke drehte sich ein Ventilator. Außerdem stand in einer Ecke des Zimmers ein Kühlschrank, den ersten, den ich hier entdeckte. Mir fiel auf, dass dieses Gerät in Großbritannien, sicher aber in Amerika, selbst für einen ärmlichen Secondhandshop zu alt gewesen wäre. Das war das beste Zimmer, das wir sahen: Die Leute, die es bewohnten, waren Lehrer und hatten Arbeit.

Mehrmals besuchte uns ein Kommandeur aus Paghman, der wieder zu einer anderen Partei gehörte und verglichen mit dem Mann, der ganze Kampagnen organisierte, ein kleiner Fisch war. Er war der Sohn eines Bauern und wurde, weil er so klug war, in die reguläre Armee aufgenommen, wo er sich vor der Katastrophe auszeichnete. Jetzt hatte er ein paar hundert Männer unter sich. Am ersten Abend kam er gerade aus den Kämpfen in Paghman zurück, war berauscht, geschwätzig, ruhelos und großspurig. Am nächsten Tag hatte er sich wieder gefangen, war nüchtern und sehr erschöpft; er sagte, dass er an einer »Kriegsneurose« leide, er könne nicht schlafen, weil er die ganze Nacht vor seinem geistigen Auge Russen sähe und wach bleiben müsse, um sie zu töten. Er kämpfte seit sieben Jahren gegen die Russen. Vor drei Tagen waren achtzig Russen getötet und achthundert verwundet worden. Die Russen versuchen seit sieben Jahren, Paghman einzunehmen. Es war einmal das »Paradies Afghanistans«, voller Obstpflanzungen, Gärten, Felder, Dörfer, mit guten Bewässerungsanlagen und einer halben Million Einwohner. Jetzt ist es eine Wüste; man kann sich kaum mehr vorstellen, dass es dort einst Gärten, Blumen und Wasser gegeben hat. Die russischen Bomben haben so tief eingeschlagen, dass der Grundwasserspiegel in zehn Meter Tiefe durchbohrt wurde. Teilweise ist die Erde sauer geworden und verdorben. Die große Festung in Paghman, der Stützpunkt, von dem man in alten Zeiten Kabul angegriffen hat, bewacht immer noch den Eingang zum Tal. Heute kontrollieren die Russen fünf Kilometer um Kabul herum, aber nur tagsüber. »Wir«, sagt er, »wir bestimmen, was außerhalb und innerhalb Kabuls geschieht. Zum Beispiel haben die Russen am letzten Ersten Mai, an ihrem Tag der Internationalen Arbeiterbewegung, eine Feier angekündigt, und wir beschlossen, daran teilzunehmen. Wir stellten zwei Gruppen unweit der Burg auf, wo es einen engen Hohlweg gibt, und legten uns in der Nähe eines russischen Postens in den Hinterhalt. Wir wussten, dass hier zwei Militärkonvois durchkommen sollten, das hatten wir von unseren Informanten erfahren. Um vier Uhr war es endlich soweit; wir trennten die Konvois in mehrere Teile. Unsere Männer sprangen auf die Wagen herab; wir benutzten sogar Beile und Eisenstangen, weil die Russen dieser Art von Kampf nicht gewachsen sind. Wir erbeuteten Kalaschnikows, DSHKs und gepanzerte Mannschaftswagen. Da wir nicht wussten, wo wir das ganze Zeug hinbringen sollten, übergossen wir es mit Benzin und zündeten es an; die Explosionen waren über ganz Kabul zu sehen. Das war unser Beitrag zu ihrem Maifeiertag. Dieser Angriff ist berühmt geworden, wie Sie gern überprüfen können, wenn Sie wollen. Ich erwähne das nur, weil man uns immer Übertreibung vorwirft. Aber das ist nicht wahr; es gibt ständig Kämpfe, von denen niemand etwas erfährt, außer den Russen, die sehr wohl wissen, dass wir nicht übertreiben.«

Bei seinem nächsten Besuch, mit wieder anderen Männern, sagte er: »Die Methoden der Russen widersprechen ihren politischen Behauptungen. Am Anfang sind einige Menschen auf diese schönen Worte hereingefallen, aber das ist lange her. Heute gibt es vielleicht noch zweitausend Kommunisten im ganzen Land, von denen einige nur so tun, weil sie dazu gezwungen sind. Die Russen geben den Menschen Arbeit, die ihnen gehorchen, die ihnen ergeben sind oder von denen sie meinen, dass sie ihnen ergeben sind. Das ist die klassische Form des Imperialismus. Dann verhandeln sie mit den Verwandten der Leute, die für sie arbeiten, oder stecken sie ins Gefängnis und drohen ihnen mit Folter, wenn sie nicht mitspielen. Das kommt dem Widerstand zugute, denn diese Leute arbeiten oft schlampig oder schließen ihre Augen vor einer Aufgabe, statt ein Risiko einzugehen. In Wirklichkeit kann man sich auf diese Kollaborateure nicht verlassen. Sie haben von den korrupten Russen gelernt, wie man ihr System austrickst, und sind nützlicher an dem Platz, wo sie sind, als wenn sie geflohen wären. Das Erste, was die Russen immer machen, ist, ein Netzwerk von Kollaborateuren aufzubauen. Auch diese Methode widerspricht ihren politischen Ansprüchen: Statt das Land zu kollektivieren, wie sie behaupten, haben sie eine große Zahl kleiner Kapitalisten ins Leben gerufen. Wenn jemand fünfzig Morgen Land besitzt, nehmen die Russen vierzig und lassen dem Mann zehn. Dann sagen sie: ›Wenn du dich fügst und nicht mit den Mudschahidin zusammenarbeitest, kannst du deine zehn Morgen behalten.‹ Mit den anderen vierzig Acres bestechen sie vier weitere Kleinkapitalisten, die sie auf dieselbe Art kontrollieren. In den Städten verfolgen sie eine andere Politik. Wenn jemand fünfzigtausend Afghani hat, lassen sie ihm zehntausend und nehmen ihm vierzigtausend weg, die sie dann Leuten geben, die für sie spionieren. Sie wollen erreichen, dass sich ihre Herrschaft über unser Land selbst finanziert. Wenn sie in eine Stadt kommen, suchen sie sich die guten Häuser aus, vertreiben die Besitzer und überlassen die Gebäude ihren Marionetten, damit sich eine ihnen ergebene Elite etabliert. Aber wir wissen, wer ihre Marionetten sind, und ihnen ist nicht klar, dass wir es wissen. Wir haben so viele Leute, die für uns in ihrem Netzwerk arbeiten, dass wir immer wissen, was sie gerade tun und was sie planen. Das ist der Grund, warum Menschen mit so wenig Waffen und Munition so erfolgreich sein können.« Dieser Mann sprach mit großer Bewunderung von Massud, der einer anderen Partei angehörte: »Massud hat die Smaragdminen von den Russen zurückerobert. Seine Mittelsmänner kaufen auf den internationalen Märkten Waffen, er besitzt schon achtzehn Helikopter und dreizehn Jets, die er von den Russen erbeutet und repariert hat, sodass sie jetzt einsatzfähig sind; er hat sechshundert Panzer – und inzwischen wahrscheinlich noch mehr. Er weiß, wo er sie unterbringen kann, doch als wir sechzig Panzer in der Nähe der Burg von Paghman erbeuteten, mussten wir sie verbrennen.« (Die Berge sind voll von Verstecken, Höhlen und natürlichen Festungen, die die Kommandeure der Mudschahidin als Hauptquartier benutzen. Und nicht nur die Mudschahidin. Eine Armee von Turkmenen bekämpft die Russen immer noch, Jahrzehnte nach der Eroberung ihres Landes. Sie hatten in einem Wald von Schilfgras unweit der russischen Grenze für ihre Armee eine »Stadt« gebaut, ein Krankenhaus und sogar eine Bibliothek. Dieses Hauptquartier haben sie jetzt an einen anderen Ort verlegt.)

Dieser Kommandeur sagte, dass der KHAD hinter ihm her sei und dass man ihm in Pakistan nicht erlaube, eine Waffe zu tragen, um sich zu schützen. »Der KGB hat hier, wo man ihn gar nicht vermuten würde, einen erheblichen Einfluss; deshalb darf ich keine Waffe haben.«

Während dieser Besuche wohnten wir fünf in Dean's Hotel, das in seiner Art vermutlich einzigartig auf der Welt ist. Es wurde zur Zeit der britischen Herrschaft gebaut und besteht aus einstöckigen Gebäuden, die sich in einem weitläufigen Park mit Blumen und Bäumen verteilen. Die Zimmer sind am Tag stickig und heiß, in der Nacht aber eiskalt; als ich aufwachte, hatte der wirbelnde Ventilator den Schweiß auf meiner Haut getrocknet.

Danach konnte ich wegen des Lärms nicht wieder

einschlafen. Die Ventilatoren schwirrten. Die Klimaanlage rumste und krachte. Es schien, als ob sich diese Zimmerflucht auf einem Schiff befände, das auf einem Fluss entlangstampfte, tschag-tschag, tschag-tschag. Diese Illusion verstärkte sich dadurch, dass sich alles bewegte, die Vorhänge, die Volants der Sesselbezüge, die Kleider, die über dem Stuhl hingen. Wenn ich aus dem Fenster schaute, konnte ich den gewundenen Wasserlauf sehen und gewaltige Urwaldbäume. Der Raum über unseren fünf Zimmern war leer, vermutlich ein Dachboden. Von dort hörte man erstaunliche Geräusche, für Ratten viel zu laut. Vögel hatten sich dort niedergelassen oder auch kleinere Tiere. Ich hatte das untrügliche Gefühl, nicht allein zu sein, ja sogar beobachtet zu werden. Als ich zu einem Riss in der Decke aufblickte, glaubte ich Augen zu erkennen, die nicht unbedingt von einem Tier stammen mussten. Doch als ich angestrengt aus dem Fenster schaute, verschwanden diese fantastischen Eindrücke, und ich sah nur noch schattigen Rasen, Bäume, Büsche, trübe Sterne, Gebäude mit Schlafzimmern, die alle dunkel waren – und den Nachtwächter, der seine Runden drehte.

Ich will dieses unvergleichliche Hotel nicht schlecht machen, weil ich fürchte, sie könnten es abreißen und eine geschmacklose internationale Scheußlichkeit an seine Stelle setzen. Die Atmosphäre hier sei durch diese kleine Geschichte vermittelt: Als ich wie gewöhnlich nicht schlafen konnte, weil es so stickig war, wanderte ich um vier Uhr morgens in meinem Zimmer herum und hörte einen lauten Knall. Einen Schuss? Hier stiegen Waffen- und Drogenhändler ab, Gauner, Spione, Desperados aller Art, ebenso wie Journalisten, Angestellte der Hilfsorganisationen und normale Touristen. Ich wartete ein paar Minuten und schaute dann hinaus: Auf der Veranda und im Park war niemand zu sehen; alles war ruhig und friedlich, die Fenster der Zimmer im Block zu unserer Rechten waren dunkel. Kurz darauf ein Klopfen an meiner Tür. Wieder sah ich nicht sofort nach, und als ich öffnete, war niemand da. Eine halbe Stunde später hörte ich eine Reihe von Geräuschen, die ich gerne überprüft und zugeordnet hätte. Es waren Laute, die man um halb fünf Uhr morgens in einem respektablen Hotel, zum Beispiel im Tunbridge Wells, nicht erwarten würde. Stimmen? Nein. Eher wie wenn etwas Schweres geschoben oder gezogen wurde. Ich stand da und sah hinaus: nichts. Allmählich brach der Morgen an. Aus einem Zimmer neben uns tauchten zwei Mudschahidin auf. Sie warfen ihre Decken über die Schulter und schlenderten in der Morgendämmerung davon. Die Nachtwächter des Hotels begleiteten sie zum Tor. Aus dieser Abfolge von kleinen Begebenheiten könnte man die schönsten und spannendsten Geschichten erfinden.

Es verstand sich von selbst, dass alle Taxifahrer, die vor den Hotels auf Kunden warteten, die Kellner und der Mann an der Rezeption Polizeispitzel waren.

Ungefähr drei Tage nach der Ankunft fällt dir auf, dass du in einer Weise misstrauisch geworden bist, die an jedem anderen Ort lächerlich wäre. Der erste Gedanke über jemand ist: »Wer bezahlt dich?« Paranoia? Unsinn! – Nur der Wille zum Überleben.

Der ganze Ort steckt voller Intrigen, geheimnisvoller Vorgänge, Spione. Charaktere, die so offenkundig verdächtig wirken, dass sie ein Romanautor nur in einer Satire oder Parodie verwenden könnte, nähern sich dir mit Unschuldsmiene, stellen beiläufig schlaue Fragen und erklären, warum sie in Pakistan oder Peschawar sind und dich unbedingt in deinem Zimmer aufsuchen oder dir bei Tisch Gesellschaft leisten müssen. Am liebsten würdest du laut loslachen; du möchtest ihren Blick einfangen, damit sie ebenfalls lachen... Aber nein, die Spielregeln verlangen, das Ganze bitterernst zu nehmen. Dann verschwinden sie, vermutlich um ihren Bericht an der einen oder anderen Stelle abzuliefern. Das ist ein grundlegender Teil der »Peschawar-Erfahrung«, der mir einen Einblick in die schäbige, gefährliche schwarze Komödie vermittelte, die nirgendwo sonst spielen könnte.

An dieser Stelle muss ich bekennen, dass die afghanische Situation für mich leicht zu verstehen war, so tragisch und kompliziert sie auch sein mochte, während Pakistan, ein Land voller Widersprüche, mir rätselhaft blieb. Die vier Zeitungen in englischer Sprache, die wir jeden Morgen beim Frühstück unter den Bäumen lasen, umgeben von Hotelkatzen, Krähen und etwas, das nach Aasgeiern aussah, beschrieben ein Land in der Krise. In jeder Ausgabe stand ein bedrückender Artikel über die Lage der Nation, doch was wir in den Zeitungen lasen, spiegelte sich nicht in den Menschen wider, die wir trafen, oder dem Leben, das wir beobachteten. Die charakteristische Eigenschaft der Pakistaner scheint gleichmütige, träge, freundliche Gelassenheit zu sein. Charme. Sie sind ein liebenswürdiges Volk. Ihre freundlichen braunen Augen, ihr Lächeln, ihre Gesichter sind bezaubernd. Mit ihrer charmanten Art ermöglichen sie es, dass die unzähligen Transaktionen und Geschäfte überhaupt zustande kommen. Wenn man es für hoffnungslos hält, die eine oder andere Genehmigung zu erhalten, dieses Flugticket, jene Verabredung, kommt einem ihr Charme zu Hilfe, ein unerschöpfliches Reservoir von Freundlichkeit. Ein Land voller Charmeure! Wie ist das nur möglich? Als ich mich nach meiner Rückkehr in England bei pakistanischen Freunden erkundigte, rief ich zynische Bemerkungen hervor, aber ich wollte gar nicht aufgeklärt werden. Schließlich hatte meine Reise nicht den Sinn, Pakistan zu erforschen.

Allerdings fragte ich überall, wo ich hinging, nach Miss Bhutto. In einer Nation, wo der Schleier der Frauen so bedeutsam ist, konnte man erwarten, dass irgendjemand sagte: »Sie ist eben eine Frau!« Keineswegs! »Sie ist zu jung«, meinten sie. »Der alte Fuchs Zia ist zu schlau für sie.« »Sie ist bloß eine Sowjetagentin.« »Sie wird sich gut in der Opposition machen, wenn sie mehr Erfahrung hat.« Doch niemals hörte ich: »Sie ist eine Frau.«

Wir hatten viel Zeit, um unter den Bäumen spazieren zu gehen und abends auf dem Rasen zu sitzen und den Mond zu betrachten. Wir saßen herum. Wie saßen. Wir saßen. Das lag daran, dass die Dinge in Pakistan aufreizend langsam ablaufen und nicht vorherzuplanen sind. Verabredungen werden nicht etwa abgesagt, sondern einfach nicht eingehalten. Die Leute tauchen zur verabredeten Zeit nicht auf oder sind für immer verschwunden. Komplizierte Abfolgen von Ereignissen, die auf westliche Art geplant sind, was bedeutet, dass sie aller Voraussicht nach stattfinden werden, fangen erst gar nicht an. Nach drei oder vier Tagen sagten wir schon jeden Abend: »Und was mag wohl morgen geschehen?« All die alten Hasen, die wir trafen, die westlichen Ärzte, die Afghanen ausbildeten, die Menschen, die in den Krankenhäusern oder für die Hilfsorganisationen arbeiteten, reagieren darauf mit Humor als einer Art Selbstschutz, der sie davor bewahren soll, hysterisch zu werden.

Mir jedenfalls wäre es lieber, wenn ich mich langfristig nicht mit ihr befassen müsste.

Am meisten frustrierte uns wahrscheinlich, dass man die Männer nur schwer dazu bewegen konnte, so lebendig und anschaulich zu erzählen wie die Frauen. Das bezeichnete einen Unterschied zwischen ihnen und uns, der für uns, die wir alles aus persönlicher Betroffenheit darstellen müssen, nicht unbedingt schmeichelhaft war. Vor mir liegen Notizen über ein Gespräch mit einem Kommandeur der Mudschahidin. Wie zu erwarten, hatten wir den ganzen Nachmittag über die mangelnde Hilfe aus dem Westen, die Russen und den Nationalcharakter in verschiedenen westlichen Ländern gesprochen. (Zum Beispiel die Franzosen – hysterisch und emotional, obwohl sie uns viel geholfen haben; die Amerikaner – Kaufleute, aber ohne Sinn für ihre eigenen langfristigen Interessen; die Briten – teilweise imperialistisch, teilweise merkantil; die Schweden – sehr aufrichtig und fleißig; die Russen – pure Imperialisten.) Mitten in den üblichen Ausführungen über die Arroganz der Mullahs sagte er etwas, das auf seine ungewöhnliche persönliche Geschichte verwies. Daraus ergab sich dieses Gespräch.

»Sie haben also die afghanische Armee verlassen, um sich den Mudschahidin anzuschließen?«

»Ja.«

»Und wie kam es dazu?«

»Nun ja, es war nicht leicht, den richtigen Moment zu finden, weil sie uns die ganze Zeit beobachteten; also gingen wir, als es möglich war.«

»Ja, aber was ist *genau* passiert?«

»Wir nahmen uns ein paar Panzer und hauten ab.«

»Sie werden verstehen, dass diese Geschichte die Menschen im Westen faszinieren wird.«

»Aber das erzählen wir euch doch ständig! Dass viele Afghanen die afghanische Armee verlassen, um mit den Mudschahidin zu kämpfen.«

»Ja, ja, ich weiß, aber schildern Sie uns bitte genau, was passiert ist.«

»Was wollen Sie wissen?«

»War es nachts, als Sie weggingen?«

»Wie bitte? Ja, natürlich war es nachts. Wir kämpfen in

der Nacht, also müssen es die Russen auch tun. Wir sagen immer, wenn wir heute Nacht nicht schlafen wollen, müssen die Russen auch wach bleiben.«

»Und in jener besonderen Nacht?«

»Wir hatten einen Boten zu den Mudschahidin geschickt, der ihnen sagen sollte, dass wir zu ihnen wollten. Es war geplant, ihre Stellungen anzugreifen, das verrieten wir ihnen. Sie schickten uns eine Nachricht, dass wir den Angriff scheinbar mitmachen und dann zu ihnen überlaufen sollten, und so machten wir es auch.«

»Wie Sie das sagen, hört es sich sehr leicht an.«

»Es war leicht, weil wir es planten.«

»Sind Menschen dabei ums Leben gekommen?«

»Ja, viele Russen, aber wenige von uns.«

»Wenn Sie von Nachrichten sprechen, die Sie an die Mudschahidin und diese an Sie geschickt haben, wie ging das vor sich?«

»In der afghanischen Armee gibt es so viele Leute, die für die Mudschahidin arbeiten, dass wir immer wissen, was sie tun, und sie, was wir tun.«

»Sie sagen, dass einige von Ihren Leuten getötet wurden?«

»Ja.«

»Wurde jemand verwundet?«

»Ich wurde am Arm verwundet. Der Mann neben mir wurde getötet.«

»Und dann?«

»Ich kam in ein Krankenhaus der Mudschahidin in Peschawar und ging nach ein paar Wochen wieder an die Front in der Nähe von Kabul.«

Manche Leute, die Peschawar verlassen, haben das Gefühl, einer »Nacht in Casablanca« entronnen zu sein. Was mich betraf, so war ich dankbar, den Verkehr lebend zu überstehen. In Rhodesien aufgewachsen, wo Geschwindigkeitsbegrenzungen oder Verkehrsregeln als Angriff auf die persönliche Freiheit galten, glaubte ich, dass mich nichts mehr überraschen konnte. In Salisbury verstopften nach Sonnenuntergang eine Million Fahrräder die Straßen, vornehmlich ohne Beleuchtung. Die ersten Ampeln wurden (von höhnischem Gelächter begleitet) gegen Ende des Zweiten Weltkriegs aufgestellt. Der Verkehr in Peschawar entspricht der Rushhour in Paris, nur viermal so schlimm; dazu kommen Pferdewagen, Eselskarren, Ochsen und Kühe, die über die Straße wandern. Die Fahrräder, manchmal mit mehreren Menschen besetzt, haben meistens kein Licht. Hier trifft man auf Autos aller Art und die Busse der Gegend, die wie riesige Blechbüchsen aussehen und mit Sprüchen, Filmstars und Zitaten aus dem Koran geschmückt sind. Ebenso auf die eigentümlichen Beiträge des Subkontinents zur internationalen Mobilität: Motorräder, in Miniaturtaxis verwandelt, die bis zu fünf Personen befördern, auch wenn es nicht erlaubt ist, und einem die Knochen zu Staub zermalmen. Alle verlassen sich offenbar auf die Hupe und nicht auf das, was sie sehen. Am schnellsten kommt man vorwärts, wenn man eine Reihe von fast tödlichen Unfällen riskiert. »Aber man bekommt allmählich einen sechsten Sinn«, sagte ein pakistanischer Freund fröhlich und bretterte zwischen den Tieren und Wagen hindurch. Man musste sich einfach nur bemühen, nicht hinzusehen; es war besser, dem Tod unvorbereitet ins Auge zu blicken. In jeder Stadt fühlt man sich von ihrer besonderen Eigenart umschlossen; nach ein paar Tagen in Peschawar hatte ich den Eindruck, dass die ganze Welt ein gefährliches Straßennetz war, eine Dunstglocke aus Rauch und Staub, mit Benzin und Diesel vermischt, die einem in die Nasenlöcher drang und Haut und Haar verklebte.

Im Park des Dean's Hotels zog der staubige Verkehr auf

der anderen Seite der Hecken vorbei, was dem Lärm jedoch keinen Abbruch tat. Der Smog dämpfte das Licht der Sterne und ließ nur noch die hellsten durchscheinen; hier war nichts von der niedrig stehenden, funkelnden Pracht zu sehen, die man an einem südlichen Nachthimmel erwartet, der die menschlichen Dinge unbedeutend erscheinen lässt, sobald die Sonne untergeht. Dafür drängte sich die Menschheit mit den staubigen Lichtern ihrer Stadt hinauf, die rot und gelb zum düsteren Himmel emporschossen, was einen an »Feuerwerk« denken ließ, bis man erkannte, dass über dem Parachinar-Tal Leuchtkugeln aufstiegen, was bedeutete, dass irgendetwas »im Busch« war. Ich saß da und wartete auf weitere Leuchtkugeln oder den Lärm der Geschütze. Staubige Sterne, Staub auf den Sträuchern und den Veranden; Staub von den Autos, die vor dem Hotel vorbeifuhren; staubiger Schweiß, der mehrere Duschen am Tag erforderte.

Eine staubige Landschaft, eine Landschaft aus staubiger Erde hatte mich bei der Landung empfangen und umgab mich jetzt auf allen Seiten.

Doch das war, bevor ich anfing, in der Gegend herumzulaufen; nach ein paar Tagen des Herumsitzens und Wartens, unterbrochen von kurzen Zeiten des Herumrennens, wurde mir klar, dass ich spazieren gehen musste. Ich und Nancy Sheils, ebenfalls eine überzeugte Läuferin, hatten uns um halb sechs Uhr morgens verabredet und wanderten durch menschenleere Straßen. So entdeckten wir, wie viele Bäume es überall gab. Aber es war die falsche Richtung. Als wir feststellten, dass wir neben einem breiten, stinkenden Graben herliefen, gaben wir auf; am nächsten Morgen gingen wir in die andere Richtung und befanden uns bald inmitten der Unterkünfte, die die Briten für ihre Truppen gebaut hatten, wo natürlich keine Abwassergräben zu sehen waren. Wohin gingen dann die Abwässer? Besser, man fragte sich das erst gar nicht. Hier standen Villen mit Gärten und Innenhöfen, wo man Tee trinken und herumsitzen konnte; und als wir eine davon besichtigten, stellte ich mir im Geist eine britische Familie vor, die der meinen ähnlich war. Die Frau des Hauses, die wild entschlossen mit dem Staub, der Hitze, den Fliegen und den unzureichenden sanitären Einrichtungen kämpfte. Über Kermanschah, wo ich geboren wurde, pflegte meine Mutter zu sagen: »Die Diener leerten am frühen Morgen die Toiletteneimer aus, und gegen Mittag war alles weggetrocknet; es war nichts mehr davon zu sehen.« Sie hatten sich natürlich überall in der staubigen Landschaft herumgetrieben. Man kann sich leicht vorstellen, wie diese Frauen über Peschawar sprachen, wenn ihre Dienstzeit vorüber war: halb erleichtert, dass sie die Hitze, die Einsamkeit und den Staub hinter sich lassen konnten, aber auch immer noch mit quälender Sehnsucht nach dem Leben, von dem sie sich ausgeschlossen hatten, dem wahren Leben ihrer Diener und der Soldaten, für die ihre Männer verantwortlich waren. Denn natürlich hatten sie mit diesen Leuten nur auf offizieller Ebene Kontakt gehabt, niemals mit den Familien, niemals mit einem gewöhnlichen Inder. (Damals war hier nicht Pakistan, sondern immer noch Indien.) In der Villa, wo wir Tee tranken, gab es ein großes, schattiges Wohnzimmer voller Fotografien, beherrscht von dem sich langsam drehenden Ventilator; an der Wand hing ein Tigerfell – ein berüchtigter Menschenfresser, von dessen Untaten man uns in allen Einzelheiten berichtete. Überall sah man Teppiche aus Pakistan und Afghanistan, jede Art von Zierrat und Spitzenvorhänge. Diese Kombination aus Exotik und heimischen britischen Einflüssen hat zahllose indische Restaurants in ganz England inspiriert. Wir wurden von einem aufmerksamen Diener empfangen, der alles im Griff hatte und unablässig Kuchen, Chips mit Tomatensoße und köstliche Fruchtstücke servierte; seine scharfen, tadelnden Augen erinnerten mich daran, wie meine Mutter einmal lachend gesagt hatte: »Und ich musste mich vor unseren Hausdienern wirklich anständig benehmen, kann ich dir versichern! Wenn ich etwas falsch machte, haben sie es mich sofort fühlen lassen. Ich musste mich ihnen gegenüber richtig gehend behaupten.« Diese Villen gehören heute besser gestellten Pakistanern, aber der Geist der Briten ist nach wie vor zu spüren. Unser Gastgeber hat in zwei Weltkriegen in der britischen Armee gedient. Er ist immer noch durch und durch Soldat, verfolgt den Krieg in Afghanistan und kritisiert oder lobt die Kampfhandlungen. Er wäre jetzt auch gern dort...

Es gibt hier Vororte mit vielen schönen Häusern, Bäumen und Gärten: Peschawar breitet sich weit, aber nicht dicht besiedelt über die Ebene aus. Wenn man nach einer Adresse sucht, befindet man sich in einem Augenblick in einer Straße mit dekorativen Toren, die zu großen Villen führen, und im nächsten in einem kleinen Kornfeld, an dessen Rand fette Ziegen auf den Abfallhügeln herumstöbern. Ein paar Schritte weiter ist man wieder in einem Villenviertel.

In Peschawar kann man nie vergessen, dass Gebäude, ebenso wie Menschen, nur eine kurze Lebensdauer haben. Das liegt nicht nur am Kontrast zum massiven London, wo die Häuser fest im Boden verankert sind und ein Gefühl von Permanenz vermitteln; in Südafrika habe ich Dutzende von kleinen Städten, Dörfern und Weilern gesehen, die ebenso flach auf der Erdoberfläche lagen, aber nicht auf diese Art daran erinnerten, dass alles vergänglich ist. Gott sei Dank gibt es in Peschawar nur wenige moderne Hochhäuser, die hier ebenso scheußlich sind wie überall auf der Welt. Neue Gebäude neigen dazu, ältere zu kopieren, sodass eine gerade erbaute Schule zwei oder drei Stockwerke hoch ist und von anmutiger Leichtigkeit, die an die Bogen und Ornamente der Moguln erinnert. Ein neuer Bau kann schon so aussehen, als sei er vom Zahn der Zeit angenagt, weil im unteren Teil einer weißen Wand ein dunkler Streifen emporwächst, wie wenn die Erde ihre Ansprüche anmelden wollte. Alles, nicht nur die erbärmlichen Lehmhütten der Flüchtlinge, wirkt behelfsmäßig, improvisiert, als sei es nur gebaut, um wieder zusammenzubrechen und in die Erde zurückzukehren. Das ist der Zauber dieses Orts, seine Faszination: »Aus Staub bist du genommen, und zu Staub sollst du werden«, sagt diese Landschaft, das Paradies des Ökologen, des Naturfreunds.

Wir fahren zu der Familie eines Kommandeurs der Mudschahidin, der unser Freund geworden ist. Der Weg führt uns zuerst durch die gewöhnlichen Straßen von Peschawar, die mit diesen leichten, anmutigen Stein- oder Lehmhäusern gesäumt sind, manchmal frisch gekalkt, bisweilen auch schmutzig, abblätternd und rissig. Die großen Märkte sind nicht das, was man sich unter einem mittelalterlichen orientalischen Markt vorstellt, sondern eher ein Gewirr aus kleinen Gassen, Höfen und Ständen, die auch an den Straßen zu finden sind, die aus Peschawar hinausführen und aus Lehm oder einer Mischung aus Lehm und Stroh bestehen. Die Dächer sind mit allen möglichen Materialien gedeckt: Schilfgras, alten Zweigen, gelben Maispflanzen auf Stroh oder Dachsparren; einige sind kleine sandige Erdhügel, auf denen Unkraut und Gras wachsen. Diese Marktbuden verkaufen Obst, Gemüse, Fleisch und alle Arten von industriellen Erzeugnissen; die Männer, viele von ihnen Afghanen, sitzen am Eingang und betrachten den Lauf der Welt oder liegen neben ihren Hütten auf Betten aus Seilen und Stangen. Manchmal kommen Freunde zu Besuch, dann hocken sich diese Männer zusammen, plaudern und starren auf die vorüberziehenden Wagen, den mörderischen Verkehr von Peschawar. Doch schon bald wimmelt es von Mudschahidin, die jetzt häufig bewaffnet sind, weil sie Peschawar verlassen. Es sind Hunderte, Tausende; man hat den Eindruck, dass diese Menschenmassen nur aus Mudschahidin bestehen. Unter den Männern sieht man dann und wann eine Frau. Man muss sich dazu zwingen, sie wahrzunehmen: Ihr Gewand und ihre Bewegungen sind auf Unsichtbarkeit bedacht. Eine Frau in einer Bhurka hat interessanterweise einen freieren und zwangloseren Gang als eine, die verschleiert ist. Eine Bhurka verhüllt von Kopf bis Fuß; sie liegt eng am Kopf an, mit einem kleinen Gitterfenster für die Augen, und fällt dann locker herab. Die Frau in ihrem Innern befindet sich in einer anderen Welt: Sie sieht, wird aber nicht gesehen; sie ist wirklich unsichtbar. Es versteht sich von selbst, dass diese Bhurka für alle möglichen gefährlichen und halbseidenen Geschäfte verwandt wird. Die Beamten an der Grenze zwischen Pakistan und Afghanistan schauen sich Hände und Füße an: Ist das ein Mudschahid oder ein Journalist, der nach Afghanistan will? Eine Frau im Schleier – das ist ein Tuch über ihrem Mund, das nur ihre Augen frei lässt – erhält einen raschen, verstohlenen Blick. Es ist schmerzlich zu sehen, wie eine Frau, mit der man vorher gesprochen hat, ein menschliches Wesen, eine Person, auf diese Art verwandelt wird.

Als ich wieder in London war, hüllte ich meinen Kopf in einen Schleier, der meinen Mund und meine Stirn bis zu den Brauen bedeckte. Nur meine Augen waren noch frei. So ging ich einen Tag lang durch die Straßen; ich war tatsächlich unsichtbar geworden. Mit einem flüchtigen Blick erfassten die Leute die Aussage »Ich will nicht, dass man mich anschaut« und sahen über mich hinweg oder an mir vorbei. Sie vermieden es, mir in die Augen zu schauen. Bald fiel mir auf, dass meine Augen danach strebten, sich bemerkbar zu machen: In einem muslimischen Land wären sie stark geschminkt gewesen. Ich erkannte, dass ich mich in Bussen, der U-Bahn oder wenn ich an jemandem auf dem Bürgersteig vorüberging, immer darauf verließ, dass mein Gesicht mit einem Lächeln oder der Miene Botschaften übermittelte, doch jetzt war das Lächeln unsichtbar, der Mund verborgen. Wenn dein Mund verdeckt ist, wird er dir sehr bewusst und scheint bald etwas Verbotenes, Unangenehmes oder Peinliches zu sein, etwas Erotisches, das man verstecken muss, oder sogar eine Wunde. Ich überlegte, was für eine Art von oraler Fixierung oder Obsession für das Verhüllen des Mundes verantwortlich war – das nirgendwo im Koran oder von den Propheten erwähnt wurde. Irgendwo in der frühen Geschichte des Islams muss es eine autoritäre, zwangsneurotische Figur wie den heiligen Paulus gegeben haben, der das Christentum beeinflusste und die Frauen jahrhundertelang mit Verboten quälte und erniedrigte, die Jesus völlig fremd gewesen wären. Liberale Muslime sagen, dass es im Koran viele Textstellen gibt, mit denen man in einem reformierten Islam die Gleichstellung der Frau begründen kann. Zum Beispiel: »Frauen sind die Zwillingshälften der Männer«; »Das Paradies liegt unter den Füßen deiner Mutter« oder »Das Eigentum einer Frau darf ihr nicht genommen werden«. Aus dieser letzten Textstelle leiten muslimische Frauen schon heute das Recht ab, sich in der Geschäftswelt zu betätigen. Hilfreich ist auch, dass Mohammeds erste Frau eine erfolgreiche und selbstständige Kauffrau war.

Warum müssen wir uns überhaupt damit beschäftigen, was vor so vielen Jahrhunderten gesagt wurde? Offenbar gibt es im menschlichen Geist etwas, das danach verlangt. Einmal im Jahr geißeln sich die schiitischen Muslime und bringen sich durch Selbstverstümmelung in einen Zustand des Irrsinns, weil man Mohammeds Enkel im fünften Jahrhundert (nach christlicher Zeitrechnung) ermordet hat.

Einige Mitglieder aus unserer Gruppe haben erlebt, wie diese Schiiten blutüberströmt und schwer verletzt ins Krankenhaus gebracht wurden, nachdem sie sich mit Eisenstangen und Ketten geschlagen hatten und (wie einer von uns sagte, der muslimische Wurzeln hatte) beinahe wie Jesus Christus aussahen, als er vom Kreuz genommen wurde. Auch Christen streiten sich endlos über die Interpretation von Texten aus dem Alten und dem Neuen Testament. Kürzlich habe ich einen witzigen und klugen Vortrag darüber gehört, dass die Religion nach Auffassung von St. Marx auch etwas ganz anderes sein könnte als das, womit wir uns heute auseinander setzen; es ist nur eine Frage der Auswahl der Texte.

Die Menschen brauchen Autoritätsfiguren, auch wenn sie das nicht gern zugeben. Die Älteren von uns erinnern sich vielleicht noch, wie die Worte von St. Freud von manchen seiner Schüler zum Dogma erhoben wurden. Zum Glück scheint es, als ob diese Religion im Keim erstickt wäre.

Sicherlich haben einige Frauen etwas an sich, das ihre Unterdrückung herausfordert. Wir haben erst kürzlich erlebt, wie Teile muslimischer Frauen behauptet haben, dass sie sich unter dem Schleier »frei« fühlen. Warum nicht? Wenn es sie glücklich macht? Aber sie sollten ihre Entscheidung nicht anderen aufzwingen. Im Iran sind Banden orthodoxer Frauen durch die Straßen gezogen, um ihre »Schwestern« zu bestrafen, die sich durch eine Spur Lippenstift oder eine lockere Haarsträhne schuldig gemacht hatten. Wenn sie eine fanden, fuhren sie ihr mit den Nägeln über die Lippen, rissen sie an den Haaren, ohrfeigten, prügelten sie und riefen sie: »Hure«. Es sind nicht nur Männer, die Frauen versklaven.

Die Straße war immer noch von den großen, glitzernden, bemalten Bussen, Motorrad-Taxis und Autos verstopft; aber jetzt waren auch mehr Karren unterwegs, die von Ochsen und Eseln gezogen wurden. Und plötzlich befanden wir uns inmitten einer üppigen, fruchtbaren Landschaft aus Feldern, Bäumen, Bewässerungsgräben, Teichen, Flüssen und wieder Bäumen. Jeder Zentimeter war kultiviert. Am Straßenrand weideten oder suhlten sich glückliche Büffel oder wurden von halb nackten Jungen zum Schwimmen an einen Teich geführt; die Kühe hatten glänzendes Fell, die Esel waren gut gefüttert. Ich habe keine vernachlässigten oder schlecht behandelten Tiere gesehen. Nur einen ausgemergelten Esel in einer Straße von Peschawar vor einem Karren, der einem verzweifelt wirkenden Mudschahid gehörte. Sogar die Hotelkatzen sahen gut ernährt aus, vielleicht weil man dem Propheten nachsagt, dass er Katzen liebte. Bald belebte sich die Straße wieder: Frauen, flüchtig verschleiert, transportierten in flachen Körben Erde. Auf einem Abschnitt von ungefähr einer Meile sah man immer wieder Männer, die mit Hämmern Steine zertrümmerten. Sie trugen Schutzbrillen, die ihnen ein gelehrtes Aussehen gaben; und ihre Finger schützten sie wie beim Schreiben mit Tinte. Diese Schriftgelehrten saßen im Schatten von Schilden aus Flechtwerk oder Tuch, die wie kleine Segel aufgestellt waren. Oft erblickte man kleine Friedhöfe mit spitz aufragenden Steinen, die aussahen, als hätte man Zähne in die Erde gesät. Manchmal waren diese Friedhöfe für die Mudschahidin und glichen großen Schiffen, die mit hundert fröhlichen, kleinen, meist grünen Fähnchen an den Berghängen entlangsegelten.

Allmählich veränderte sich diese üppige Landschaft und wurde trockener, steiniger. Die Straße, immer noch von Marktbuden gesäumt, wimmelte von Fahrzeugen, Menschen und Tieren. Mehrmals musste unser Taxi anhalten, und wir wurden sofort von Männern umringt, die uns anstarrten und manchmal auch grinsten – schließlich waren wir Frauen, unverschleierte Frauen, westliche Frauen.

Kleine Jungs riefen: »Hallo, wie geht's?«, um zu zeigen, dass sie in der Schule Englisch lernten, und wurden von ernsten, bärtigen Männern mit Turbanen gescholten. Aber sie kümmerten sich nicht darum und rannten lachend neben unserem Wagen her. Häufig begegneten wir nuristanischen Gesichtern, was immer ein Schock war, weil sie mit ihrer geraden Nase oder der Stubsnase, den blauen oder grünen Augen, dem hellen Haar und vielleicht sogar Sommersprossen so westlich aussehen. Man musste den Impuls unterdrücken, sie wie Landsleute anzusprechen. Es gibt eine Theorie, dass die Engländer, die Angeln, aus dieser Gegend gekommen sind. Ein Teil eines nuristanischen Stammes wanderte, weil das Weideland für seine Bevölkerung zu knapp geworden war, Hunderte von Jahren umher, bevor er sich schließlich in England niederließ. Nun, hier könnte man dieser Theorie fast Glauben schenken. Nach einer Weile bogen wir von der Hauptstraße in einen Weg ein und befanden uns mit einem Mal in einer Wüstenlandschaft. Hier war alles roter Staub, steinig, von Bergketten und trockenen Wasserläufen durchzogen; überall sanken die alten Gebäude in die Erde zurück, und aus dem Boden erhoben sich, wie harte, glänzend rote Höcker, gedrungene Hütten. Überall wirbelte Staub auf und verschleierte den blauen Himmel. Die Höfe waren mit Steinen gepflastert – ein Ziegelstein ist die erste Form, die der Staub auf seinem Weg zu einem höheren Dasein annimmt. Hier und da stand ein Zelt, vielleicht im Schutz eines einsamen Baums oder Strauchs: die Wohnung einer afghanischen Flüchtlingsfamilie. Diese Zelte haben sich ebenfalls höher entwickelt: Manchmal haben sie ein Dach und sind von bis zu einem Meter hohen Lehmmauern umgeben. Der rote Staub hüllt sie ein, ebenso wie die wenigen Bäume. Nirgendwo winkt auch nur ein bisschen Grün; eine Viehherde zieht rasch über die rote Weite zu einer Weide, die außer Sichtweite ist. Die fruchtbare Landschaft liegt nicht mehr als vier oder fünf Meilen weit weg, aber das ist an diesem Ort nur schwer vorstellbar. Der rote Staub der Ebene zieht sich endlos hin, bis zu einer grünen Linie, die am Fuß der Ausläufer des Himalajas zu liegen scheint: meilenweit nur Staub, Erde und Steine.

Auf einer Seite der Ebene verläuft eine niedrige, geschwungene Lehmmauer. Dahinter befindet sich ein Lager der Mudschahidin, das einer der politischen Parteien gehört. Gruppen von Mudschahidin wandern über die weite Fläche und verschwinden hinter der Mauer. Jetzt sind sie alle bewaffnet. Die lange, glatte rote Mauer und der blaue Himmel über ihr erinnern mich in ihrer Großartigkeit, ihrer Einsamkeit an bestimmten Gegenden Spaniens. Doch hinter der Mauer wimmelt es von bewaffneten Männern. Diese Landschaft scheint nur verlassen zu sein.

Bald hatten wir ein kleines Dorf aus den Lehmhäusern erreicht, die sich die Flüchtlinge bauen, und jetzt begann eine dieser Verwicklungen, die unvermeidlich scheinen. Wir waren eingeladen, um den Kommandeur und seine Familie zu treffen. Wieder hatte man uns gesagt, dass wir die Frauen filmen dürften. Aber er war nicht da: Seine Offiziere wussten nicht, wo er war; er war seit drei Tagen nicht mehr zu Hause gewesen. Sie glaubten, dass er zu den Kämpfen im Tal gegangen sei. Seine Mutter und seine Frau machten sich Sorgen um ihn. Am nächsten Tag tauchte er auf, entschuldigte sich, erklärte aber nicht, was geschehen war.

Die Offiziere wussten nicht, dass wir die Familie filmen wollten. Wieder wurden wir drei Frauen nach hinten in den Bereich der Frauen geführt, und die Männer saßen in dem Zimmer für männliche Besucher.

Diesen Frauen ging es viel besser als den meisten anderen: Sie hatten Platz. Eine hohe Lehmmauer umschloss einen großen Hof, auf dem drei Pferde die Maispflanzen fraßen, die wir zuvor auf einem Karren an der Straße gesehen hatte. Überall liefen Hühner herum. In einer Ecke der Mauer lag ein kleiner, etwa vier Quadratmeter großer Garten mit Jasmin und Rosen. Trocken, staubig, aber immerhin ein Garten. Die zwei jungen Frauen, die Frauen des Kommandeurs und seines Bruders, ebenfalls ein Kommandeur, waren schwanger und säugten Babys; jede von ihnen hatte auch noch ein größeres Kind: sechs Kinder insgesamt. Die älteren Kinder spielten mit einem Vogel, der in einem kleinen Käfig aus Bindfäden saß und wie ein Rebhuhn aussah. Er war ihr Kuscheltier, kein leichtes Schicksal vermutlich. Die jungen Frauen waren Schönheiten eines bestimmten afghanischen Typs: Sie hatten herzförmige Gesichter mit hohen Wangenknochen, einen vollen sinnlichen Mund, aber eine kurze Oberlippe, die ihre weißen Zähne sehen ließ. Ihre großen grünen Augen, freimütig, offen und aufrichtig, waren weit entfernt von den dunklen, verschwiegenen Augen ihrer pakistanischen Nachbarn. Ihre Haltung und ihr Gang erinnerte an die Frauen aus den Bergen.

Über alles herrscht hier eine alte Frau von sechzig Jahren, die Mutter des Kommandeurs. Sie ist Furcht erregend. Was man uns über die überraschenden Dinge in Purdah erzählt hat, wird plötzlich Wirklichkeit: Wir haben uns noch nicht einmal hingesetzt, als sie ihren Rock hochwirft, um uns ihren nackten Bauch zu zeigen. Er ist geschwollen. Sie hat eine Wucherung. Es sei nicht schmerzhaft, sagt sie, aber nicht zu operieren. Sie werde in einer Klinik behandelt, die von den Ärzten, die aus Kabul geflüchtet sind, geleitet wird, aber sie hätten dort nur wenig Medikamente.

Von verschiedenen Leuten, die sich in islamischen Ländern auskannten, hatten wir erfahren, dass in Purdah ein Mann, der ein enger Freund der Familie ist, die Frauen dieser Familie nach Belieben besuchen darf, weil sie für ihn zu

Schwestern und damit sexuell unantastbar geworden sind. Sie verhalten sich in seiner Gegenwart so ungezwungen wie in der ihrer eigenen Männer, laufen nicht nur unverschleiert herum, sondern sogar halb angezogen und ohne jede Scham.

Wir fragten diese jungen Frauen, ob Nancy und Saira sie filmen und fotografieren dürften; doch die Männer waren nicht da, um ihre Erlaubnis zu geben. Die alten Frauen und die Kinder – ja natürlich, das war etwas anderes.

Die beiden Familien lebten in zwei kleinen Zimmern mit einer angrenzenden Veranda. Die Wände waren aus bloßem Zement, ungestrichen. Den Fußboden bedeckten Matten. In einer Ecke stapelte sich ein großer Haufen Bettzeug fast bis zur Decke, und an den Wänden lagen die üblichen, mit bunten Tüchern bedeckten Matratzen. Die Frauen trugen hübsche farbige Kleider, Ohrringe, Hals- und Fußketten.

Das war natürlich billiger Schmuck aus Blech und Glas. Als der Krieg begann, legten die Frauen Afghanistans ihre echten Juwelen ab und gaben alles, was von Wert war, den Kämpfern für Geschütze und Waffen. Lasttiere, mit Schmuck beladen, wurden über die Berge zu den Lagern in Pakistan getrieben. Die Frauen, die als Flüchtlinge in den Lagern ankamen, besaßen kaum mehr etwas; von dem, was sie noch hatten, wurden Lebensmittel gekauft. Die Basare von Peschawar sind voll von ihren Halsketten, Armreifen, Ohrringen. Ich kaufte dort eine Halskette: einundzwanzig fein gearbeitete Kupferanhänger, auf ein Brokatband genäht. Sie vermittelt einem das sehr private, persönliche Gefühl eines viel benutzten Gegenstandes. Sie liegt eng um den Hals. Hierzulande sollte man sie zu einem schlichten, hochgeschlossenen Kleid tragen. Im Augenblick liegt sie auf einem Tisch in meinem Zimmer und scheint meine Augen auf sich zu ziehen. Vergiss mich nicht!, sagt sie.

Sie boten uns immer wieder Tee an, den wir ablehnten,

weil es bedeutete, dass sie keinen Tee hatten; wenn sie welchen gehabt hätten, hätten sie ihn einfach hereingebracht. Sie hatten wenig zu essen, wenig Spielzeug für die Kinder. Die alte Frau übernahm das Gespräch, lebhaft, energisch, selbstbewusst. Wenn ihre Söhne an die Front zogen, überließen sie ihr die Kinder, nicht ihren Frauen.

Ihre Geschichte beginnt natürlich mit: »Und dann bombardierten uns die Russen, vernichteten unsere Ernten, und wir zogen über die Berge.« Ihr Leben hier, sagt sie, sei ärmlich und langweilig. Zu Hause hatten sie alles, alle waren vor der »Katastrophe« glücklich in Afghanistan! Jetzt könnten sie das Lager nicht verlassen. Wohin sollten sie gehen? Und sie haben nichts anzuziehen, die Kinder besitzen nur das, was sie am Leib tragen, Baumwollkleidchen, Röcke und Hosen, und der Winter steht vor der Tür. »Davon abgesehen«, sagt die alte Frau, »fühlen wir uns hier, umgeben von unseren Mudschahidin, sicher. In Peschawar werden die Menschen vom KHAD oder den Russen umgebracht.«

Und dann fragten wir wieder nach den weiblichen Kämpfern. Hatten sie von ihnen gehört, existierten sie überhaupt?

»O ja«, sagte die alte Frau wie aus der Pistole geschossen. »In der Nähe von Herat gibt es eine.« (Sie selbst kommt aus Herat und hat ihren Mann dort geheiratet.) »Dieser weibliche Kommandeur wird Maryam genannt. Sie war das einzige Kind ihres Vaters, der sich sagte: ›Ich habe nur ein Kind und keinen Sohn, also muss sie in den Dschihad ziehen.‹ Er band ihr seinen Munitionsgürtel um, und seine Männer akzeptierten sie. Sie ist berühmt. Sie ist so tapfer wie ein Mann und sagt: ›Wenn ich einen Mann treffe, der so tapfer ist wie ich, dann werde ich ihn heiraten.‹ Doch sie ist jetzt fünfunddreißig Jahre alt und kann natürlich erst heiraten, wenn wir den Krieg gewonnen haben. Sie ist sehr klug, diese Kommandeurin. Einmal zum

126

Beispiel, als sie wusste, dass die Russen kommen, befahl sie den Dorfbewohnern, Kühe und Hühner über eine Brücke zu treiben. Die russischen Soldaten sind schlecht ernährt, und sie wusste, dass sie anhalten würden, um die Kühe und Hühner einzufangen. Als sie aus den Panzern stiegen, brachten ihre Soldaten sie alle um. Ein anderes Mal kamen die Russen, und sie sagte zu ihnen: ›Kommt herein, seid unsere Gäste und setzt euch.‹ Sie setzten sich, und sie und ihre Soldaten schütteten Benzin um das Haus, zündeten es an, und die Russen verbrannten. Und in Pandschir, habe ich gehört, gibt es noch einen weiblichen Kommandeur.«

Diese Frau erzählte, dass zweitausend Angehörige ihres Stammes in Herat umgebracht worden sind: sechsundzwanzig wurden durch Napalm getötet, während sie beteten. »Herat trägt weiß«, sagte sie. (Das bedeutet, dass sie bereit sind zu sterben; wenn man sagt, dass jemand weiß trägt, meint man damit, dass er sein Grabtuch trägt und dem Tod ins Auge sieht.) Sie sagt: »Warum empört sich die Welt nicht über die Zerstörung von Herat? Die Stadt war so schön und ist jetzt nur noch Schutt und Asche. Warum lassen Sie zu, dass sich die Russen wie Barbaren aufführen? Und Pagman ist auch dem Erdboden gleich«, klagt sie, »nichts ist mehr davon übrig, es war so schön.«

Ich muss gestehen, dass ich mich in der Gesellschaft der freundlichen und plaudernden Frauen, innerhalb der Mauern, die die Welt ausschlossen, mit den großen, tapferen, bewaffneten Männern vor der Tür, innerlich zurücksinken ließ und dachte: »Ach, sie werden sich schon um alles kümmern.« Genauso fühlte ich mich nach fünf Tagen im Middlesex Hospital in London: umsorgt und beschützt. Als ich entlassen wurde, konnte ich kaum glauben, dass ich jemals wieder mit dem Verkehr, den Straßen und dem täglichen Lebenskampf zurechtkommen würde. Dieser Zustand dauerte ein, zwei Tage. Ich bin überzeugt, dass man dem Leben in Purdah schnell erliegen und sich kein anderes mehr vorstellen kann.

Das Treffen mit den Frauen der beiden Kommandeure zog sich endlos hin, und zwar aus einem albernen Grund. Ihnen wurde allmählich langweilig mit uns, und sie wollten mit ihrem alltäglichen Leben fortfahren, und uns ging der Gesprächsstoff und der Wortschatz in Farsi aus. Aber alle Kinder hielten sich bei uns auf; die Männer im Vorderzimmer durften natürlich nicht in den Bereich der Frauen und hatten kein Kind, das sie schicken konnten. Also saßen sie einfach da und dachten, wir amüsierten uns so gut, dass wir kein Ende fanden. Endlich kamen wir auf die Idee, ein Kind zu ihnen zu schicken.

Wir verabredeten, dass wir zurückkommen und sie alle mit Erlaubnis ihrer Männer filmen würden. Es hat nicht geklappt. Andere Dinge haben geklappt, aber das nicht.

Was die Kommandeurin Maryam betraf, so fragten wir jetzt jeden Mudschahid, dem wir begegneten, nach ihr, aber sie lächelten nur höflich. Sie erzählten uns, dass die Frauen die Mudschahidin im Krieg mit allen Kräften unterstützten, sie in den Städten vor den Russen versteckten, Munition und Nachrichten beförderten; ohne die Frauen wäre der Krieg verloren. Aber eine Kommandeurin! Davon wollten sie nichts hören. Sie wäre natürlich auch »unsichtbar«, wie eine Frau in einer Bhurka.

In Afghanistan gibt es eine Tradition von kämpfenden Frauen. Da ist zum Beispiel Malali, eine Heldin, der man überall Denkmäler errichtet hat und nach der die Mädchen benannt werden. Es war im Jahre 1882, in einer berühmten Schlacht namens Maiwan. Der englische General Burroughs hatte schon fast gesiegt: Die Afghanen, die die ganze Nacht marschiert waren, waren erschöpft. Dann nannte Malali, ein Bauernmädchen, die Soldaten Feiglinge und ging vor ihnen her auf die britischen Linien zu. Sie starb, doch ihr Tod gab den Afghanen neue Kraft, mit der sie die Schlacht gewannen.

Interessant war, dass sogar die weiblichen Mitglieder unserer Gruppe nicht an die Existenz von Maryam glaubten; sie lächelten ungläubig und freundlich wie die Mudschahidin und sagten: »Es reicht doch, wenn es so einen Mythos gibt, den Mythos von einer Frau.« Ich glaubte daran; die Geschichte hatte zu viele Einzelheiten, um erfunden zu sein.

Wir hatten versucht, in ein Lager zu kommen, das nicht zu den Vorzeigelagern gehörte, in die die Pakistaner verständlicherweise die Besucher führen. In einem davon sollte es sogar, wie wir gehört hatten, ein Gästebuch für VIPs geben.

Am Tag nach unserem Besuch bei der Familie des Kommandeurs, den wir verpasst hatten, tauchte er wieder auf und brachte uns in die Wüstenregion, durch die wir schon gefahren waren, weil er uns dort einige neu errichtete Lager zeigen wollte. Wieder fuhren wir, bis wir die grünen, fruchtbaren Felder, die Bewässerungsanlagen und die fetten, glücklichen Tiere hinter uns gelassen hatten und uns in einer Einöde befanden, in der es nur wehenden roten Staub, Steine, trockene Wasserläufe und felsige Hügelketten gab. Der gute Boden, der für Flüchtlingslager zur Verfügung stand, war längst vergeben. Dürres Land, Wüste oder Bergregionen, das ist alles, was sie jetzt bekommen können.

Die Partei hatte Zelte zur Verfügung gestellt, manche davon schon zerrissen. Sie lagen im Staub verstreut, über den Hügelketten, ein paar auch unter den wenigen spärlichen Sträuchern der Wüste. Diese Menschen sind vor sechs Wochen über die Berge aus Afghanistan gekommen. Es war sehr heiß, und zwanzig Babies und kleine Kinder sind gestorben.

Einige Zelte sind von niedrigen, harten Lehmmauern umgeben, die meisten jedoch nur von locker aufgehäuften Erdwällen. Als Fußboden dient die nackte Erde. Drinnen haben sie nur ein paar Kochtöpfe und wenig zu essen. An den Ecken der Zelte hängen Säcke mit etwas Mehl. Mehl und Salz. »Salz ist billig«, sagt der Kommandeur bitter. Einmal am Tag kommt ein Lastwagen mit Wasser: genug zum Trinken, aber nicht genug, um sich zu waschen. Hier und da gibt es zwischen den Zelten Latrinengruben. Sie sind ungefähr einen Meter lang und einen halben Meter tief. Sie haben keine Deckel; es gibt nichts, womit man sie abdecken könnte. Wie meine Mutter einmal in einem anderen Zusammenhang ausführte, werden die Ausscheidungen von der Sonne schnell getrocknet, um danach mit dem Staub herumzufliegen und Krankheiten zu verbreiten. »Aber ultraviolette Strahlen töten das Ungeziefer«, versicherten wir uns zuversichtlich.

Selbst an diesem schrecklichen Ort wurden die Frauen von den Männern getrennt. Sie und die Mädchen drängten sich in der Zeltöffnung zusammen und sahen den Männern und den Jungen aller Altersstufen zu, die überall mit den ganz kleinen Mädchen herumliefen. Wenn ein Mädchen ungefähr zehn Jahre alt ist, verliert sie ihre Freiheit und muss sich bei den Frauen aufhalten: Bis dahin ist sie so frei, wie sie in ihrem ganzen Leben nicht mehr sein wird. Wenn wir Frauen auf die Zelte zugingen, wurden wir von zahlreichen Frauen und Kindern umringt, die uns um Medikamente baten, jede Art von Medizin. Je ärmer sie sind, desto unwissender sind sie, und desto größer ist ihr Respekt vor westlichen Arzneien: Sie haben nie von den Skandalen gehört, die uns im Umgang mit Drogen vorsichtig machen. Andererseits brauchen sie auch dringend Medikamente. »Und dann bombardierten die Russen unsere Dörfer und vernichteten die Ernte auf den Feldern; wir gingen über die

Berge…«, und während der wochenlangen Reise wurden die Frauen jeden Alters und die Kinder jeden Alters, die wenig Essen oder Wasser hatten, natürlich krank, brachen sich Glieder, bekamen Durchfall, Rheuma und nervöse Leiden, die sie nicht schlafen ließen. Sie wurden von den Bomben verwundet und hatten keine Medikamente, überhaupt nichts. Sie bettelten und bettelten, doch alles, was wir hatten, waren ein paar Aspirintabletten, die sie wie ein Wundermittel davontrugen.

Es war schrecklich, sich unter diesen Menschen zu bewegen, ohne ihnen etwas geben zu können außer dem Versprechen, ihre Situation bekannt zu machen.

Einige von ihnen warteten nur darauf, ihre Geschichte zu erzählen, im Glauben, dass ihnen die Welt helfen würde, wenn sie nur Bescheid wüsste. Jede Geschichte begann mit: »Die Russen bombardierten unser Dorf, und wir gingen über die Berge an diesen Ort.« Eine Frau sagte, dass die Russen den Frauen den Bauch aufschlitzen und die Kinder »nur zum Spaß« umbringen würden, wenn sie in ein Dorf kämen. Eine andere erzählte, dass die Russen ein Mädchen am Dorfrand beim Brotbacken antrafen, als sie angriffen, und es in seinem eigenen Ofen verbrannt hätten. Und dann lachten sie. Haben wir gewusst, dass die Russen Menschen auf Haufen warfen, mit Benzin übergossen und sie anzündeten? Haben wir gewusst, dass die Russen Menschen bei lebendigem Leib in Gruben warfen, mit Erde bedeckten und mit Panzern darüber fuhren, bis sich nichts mehr rührte? Die Gräuelgeschichten nahmen kein Ende. »Wollen Sie noch mehr hören?«, fragt der Kommandeur voller Zorn. Wir verneinen und denken an unsere westlichen Mitbürger, die schon so viel fremdes Leid geschluckt haben, dass ihre Fähigkeit zum Mitgefühl erschöpft sein könnte.

Einige Leute sind noch lange nicht in der Lage, ihre Geschichte zu erzählen. In einem Zelt, wo der Himmel durch die Risse scheint, sitzt eine alte Frau inmitten der Überreste ihrer Flucht. Auf dem staubigen Boden des Zelts liegen drei fettige Säcke. Ihre fünf Söhne sind gefallen, als sie bei den Mudschahidin kämpften. Sie sitzt da und schaukelt, vor Kummer halb wahnsinnig, hin und her, weint und fängt wieder an zu schaukeln.

Während dieses Besuchs drückte mir der Kommandeur eine Kalaschnikow in die Arme und verlangte, dass ich mich damit fotografieren lassen sollte. Zufällig hatte ich mir das Handgelenk gebrochen und trug einen Verband. Er verstand überhaupt nicht, warum ich mich über dieses dramatische Bild nicht freute. Ich war peinlich berührt; er war verletzt, was mir ebenso peinlich war. War das nicht eine Kalaschnikow? War ich nicht verwundet, wie einer von ihnen? Ich denke, hier handelte es sich wirklich um einen Zusammenstoß der Kulturen.

An diesem Ort bekamen wir auch einen anschaulichen Eindruck von dem grundlegenden Problem des Fotografens. Leon wollte dieses entsetzliche Leid aufnehmen, um es der Welt zu zeigen. Es gab hier zwei kleine Jungs aus dem äußersten Norden Afghanistans: Waisen, die ganz allein auf der Welt waren. Ein alter Turkmene hatte sie auf der Straße in der Nähe von Masar-i-Scharif aufgelesen. Sie konnten nicht erzählen, was geschehen war, weil sie es nicht wussten. Ihr Vater und ihre Mutter, ihre Brüder und Schwestern waren bei ihnen gewesen, als das russische Flugzeug kam; das war alles, woran sie sich erinnerten. Der alte Turkmene wanderte mit ihnen durch Afghanistan, mehrere Tage von Norden nach Süden, erbettelte Essen für sich und für sie und brachte sie über die Berge aus Afghanistan in dieses Lager, diesen Ort der Zuflucht, diese Ansammlung verstreuter, zerrissener Zelte in einer Wüste mit wenig Wasser und Lebensmitteln. Er fand eine Familie, die sie aufnahm. Sie standen immer noch unter Schock. Ihre

Gesichter waren starr und leer. Leon wollte sie befragen, während er sie filmte, ein Mudschahid kniete nieder und versuchte sie zu bewegen, ihre Geschichte noch einmal zu erzählen. Das war zu viel für sie, sie fingen an zu weinen. Leon war erschüttert, die Umstehenden waren erschüttert, es war einfach schrecklich.

Und die Flüchtlinge strömen immer noch ins Land. Inzwischen müssen Tausende, Hunderttausende sterben, wenn sie hier ankommen. Die Pakistaner registrieren keine Flüchtlinge mehr, sie schaffen es nicht, und wer könnte ihnen daraus einen Vorwurf machen? Die internationalen Hilfsorganisationen helfen, aber es reicht nicht. Vier Millionen Menschen sind sehr viele Menschen. Westliche Länder nehmen gelegentlich ein paar Tausend Flüchtlinge auf und bilden sich darauf eine Menge ein. Die Pakistaner haben seit sieben Jahren Millionen aufgenommen, und ihr Land ist nicht reich.

Ich habe die halbe bis eine Million (gerade habe ich gehört, zwei Millionen) Flüchtlinge im Iran nicht erwähnt. Wenn die Flüchtlinge in Pakistan in einer verzweifelten Lage sind, dann geht es denen im Iran noch viel schlechter. Vor kurzem durfte das Rote Kreuz in beschränktem Umfang einige der Lager besuchen. Iran hat soeben einen Pakt mit der Sowjetunion geschlossen, und was wird nun aus den Flüchtlingen? Schon vor dem Abkommen hatte Khomeini die Mudschahidin, die von der Front gekommen waren, um ihre Familien zu besuchen, den Russen ausgeliefert. Jemand, der davon erfuhr, fragte einen Afghanen: »Aber wie verträgt sich das damit, dass er ein Muslim ist?« Er antwortete bitter, dass er erfreut sei, die Wahrheit aus einem unparteiischen Mund zu hören.

Die ganze Zeit über versuchten wir immer wieder, uns mit gebildeten oder berufstätigen afghanischen Flüchtlingsfrauen zu treffen. In einem Vorabgespräch hatten wir vereinbart, dass wir die Aussage einer Frau aufzeichnen wollten, die nachdrücklich erklärte, dass sie trotz ihrer Lage in Pakistan, dem Zwang der Verschleierung und dem Gesetz der Purdah gegen die russische Invasion in Afghanistan protestierte, obwohl die Russen behaupteten, die Frauen befreit zu haben. Doch bald kam uns dieses Ansinnen seltsam vor, und wir erkannten, dass wir unbewusst von der russischen Propaganda beeinflusst waren. Es war unmöglich, eine afghanische Flüchtlingsfrau zu finden, die es nötig hatte, das zu sagen; es verstand sich einfach von selbst.

Eine Frau, die wir Amina nennen wollen, wurde uns als typisch für eine ganze Reihe von afghanischen Frauen vorgestellt. Sie ging zur Schule, trug westliche Kleidung und lief unverschleiert herum; sie machte eine Ausbildung als Krankenschwester oder als Buchhalterin. Ihre Familie, auch ihr Vater, unterstützte sie. Sie heiratete einen hoch qualifizierten Ingenieur, eine gute Wahl, weil ihr Mann eine gebildete und emanzipierte Frau wollte. Dann kam »die Katastrophe«, und sie flüchtete mit ihren kleinen Kindern vor den Russen über die Berge, während sie mit einem anderen schwanger war, das kurz nach der Geburt starb. Jetzt lebt sie in einem der besseren Flüchtlingslager in zwei winzigen Zimmern mit einer kleinen Veranda. Plötzlich ist sie umgeben von Frauen mit traditionellen Vorstellungen, mit denen sie in Afghanistan gar nicht in Berührung gekommen ist. Sie merken, dass sie gebildeter ist als sie selbst und von allen möglichen gefährlichen modernen Ideen beseelt, die sie nicht verbergen kann. Der Neid der schlechter Gestellten, verschärft durch die harten Zeiten und die Mullahs, die im Lager nach Verfehlungen suchen und das Gesetz durchsetzen, verfolgen diese Frau. Sie ist in Purdah und muss ihr Gesicht bedecken, wenn sie den Bereich der Frauen verlässt, das hintere Zimmer. Der kleinste Verstoß

134

wird in Purdah den Mullahs gemeldet. Das Lager gehört einer der Parteien; sie muss sich fügen, wenn sie sich und ihre Kinder ernähren und vor Schlimmerem bewahren will. Sie befindet sich in einer Art Gefängnis, aus dem sie erst entkommen kann, wenn der Krieg in Afghanistan beendet ist.

»Wenn Sie eine solche Frau nicht interviewen können, und es wird kaum möglich sein, sie zu filmen, dann schreiben Sie doch diese Geschichte auf. Es ist die Geschichte vieler Frauen«, sagt der afghanische Mann, der sie uns erzählt hat.

Wir bemühten uns weiter, gebildete afghanische Frauen zu interviewen und zu filmen, hatten aber keinen Erfolg.

Eine Frau, die in einer Schule arbeitete, sagte, es wäre »kein Problem«, sie zu Hause zu filmen. Doch die Worte »kein Problem« bedeuteten meiner Erfahrung nach immer, dass etwas schief gehen würde. Um den tausend wachsamen Augen in jenen geschäftigen Gassen zu entgehen, schlugen wir vor, dass sie zu uns ins Hotel kommen sollte: Niemand bräuchte davon zu erfahren. Sie kam eines Abends in der Dämmerung, natürlich dicht verschleiert und, wie es sich gehörte, von einem männlichen Mitglied ihrer Familie begleitet. Wir gingen auf mein Zimmer. Dort stellte sich diese Frau, als die äußeren Hüllen gefallen waren, als eine lebhafte, fröhliche Person heraus; sie war wie du oder ich. Wollte sie lieber in meinem Zimmer essen, wo man sie nicht beobachten konnte?, fragten wir. Oder, ein kühner Gedanke, vielleicht auf dem Rasen? Es war inzwischen völlig dunkel geworden. Einmal draußen im Garten zu sitzen, nach all den Tagen und Nächten in den stickigen Räumen – die Versuchung war zu groß, und sie sagte ja. Ihr Bruder stimmte zu, weil er meinte, dass sie dort niemand sehen könne. Also setzten sich mehrere von unserer Gruppe auf den dunklen Rasen und hörten zu, wie sie und ihr Bruder über die verlorene Freiheit klagten. Und dann kam es zu einem unglücklicher Zwischenfall. Ein Mann aus ihrer engen Umgebung tauchte auf und wollte, dass wir ihn einluden, mit uns zu essen; er hatte vor, Filmtechniker zu werden. Ein oder zwei Tage zuvor war er ständig hinter uns, als wir im Lager herumgingen. Er hatte uns verfolgt. Wir mochten ihn nicht, hatten ihn aber nicht loswerden können. Er erkannte unseren Gast, die unverschleierte afghanische Frau, und starrte sie an. Sie saß da und zitterte am ganzen Körper. Da wir uns in Peschawar befanden, dieser paranoiden Stadt, glaubten wir alle, dass er von dem örtlichen Auge des Gesetzes, einem einfachen Polizisten, geschickt worden war, um das arme Mädchen zu kontrollieren, weil es irgendwie bekannt geworden war, dass sie an diesem Abend ihr Zimmer verlassen hatte. Gewöhnlich hielt sie sich ja jede Nacht dort auf. War es wirklich ein Zufall? Der Mann machte keinerlei Anstalten aufzubrechen, und die junge Frau saß wie erstarrt da. »Wird das schlimme Folgen für Sie haben?«, flüsterten wir. »Oh, kein Problem, kein Problem«, sagte sie. Als er endlich ging, bat sie, aufs Klo gehen zu dürfen, wo sie sich, wie ich glaube, übergab.

Der liberale Mullah, der beim Interview gefragt hatte: »Ist es der Islam, oder sind es die Männer, die die Frauen unterdrücken?«, würde diese Szene natürlich nicht gutheißen. Aber sie spielte sich auf einer unteren Stufe der Hierarchie ab. Wahrscheinlich war der kleine, übereifrige Bulle aus seiner Sicht eine unwichtige Person. Ich bin sicher, dass der Mullah diese Ebene der kleinen Schikanen und Verfolgungen nicht einmal zur Kenntnis nimmt. Warum ich mir da so sicher bin? Weil man, werte Herren, diesen Vorgang in jedem Land auf der Welt beobachten kann. »Wie bitte? Wollen Sie mir sagen, dass *meine* Polizisten sich bestechen lassen, Unschuldige zusammenschlagen, Beweise fälschen? Ausgeschlossen!« »Wollen Sie andeuten, dass die Beamten auf den unteren Ebenen *meiner* Abteilung korrupt sind? Was für ein Unsinn!«

Ein neuer Plan wurde entwickelt: Diese Frau, ihre Mutter und ihr Vater sollten uns an ihrem Sonntag, der ein Freitag ist, besuchen und uns vor den Kameras von ihren Erlebnissen berichten. Danach wollten wir in unserem sicheren Hotelzimmer zu Mittag essen und anschließend mit den verschleierten Frauen in ein Museum gehen. Das wäre für die Frauen, wie sie sagten, ein großes Ereignis und würde sie an ein Leben in einem normalen Land erinnern. Aber an dem besagten Morgen erschien ein junger Mann mit einer Nachricht von der Familie. Leider, leider sei die Mutter krank geworden, und die Tochter müsste natürlich bei ihr bleiben und sie pflegen.

Einige Tage später erinnerte sich der Polizist an sein Versprechen, dass wir gebildete Frauen interviewen und filmen dürften, und kam mit zwei verhüllten Frauen vorbei. Sie waren Schwesternschülerinnen. Er rührte sich nicht von der Stelle, was bedeutete, dass sie ihre Schleier nicht abnehmen und wir sie nicht filmen konnten. Schließlich gelang es uns, ihn zum Gehen zu bewegen, und er trollte sich schlecht gelaunt von dannen. Die Mädchen waren begeistert, für ein Weilchen den Beschränkungen ihres Lebens zu entkommen, legten ihre Schleier ab und verwandelten sich in gesprächige, freundliche, normale Menschen. Nach genau fünfzehn Minuten kam er zurück. Sie mussten sich wieder verschleiern, und er begleitete sie nach Hause.

Das Leitmotiv, das Thema unseres Besuchs, das man »Die verschwundenen Damen« nennen könnte, drängte sich immer mehr auf. Während wir herumsaßen – und wieder herumsaßen –, schmiedeten wir Pläne, wie wir die Gefängniswärter dieser armen Frauen überlisten konnten. Doch damit hatten wir kein Glück. Und natürlich konnte es auch einen anderen Grund geben: Diejenigen, die noch

Verwandte in Afghanistan haben, haben Angst, aus ihrem Schattendasein herauszutreten. Verwandte als Geiseln oder als Druckmittel einzusetzen ist eine beliebte Methode der Russen.

Nancy und ich beschlossen, nach Chitral im Himalaja zu fliegen, eine halbe Flugstunde entfernt. Es war eine kleine Maschine mit der üblichen betörend schönen Stewardess an Bord. Doch inzwischen hatte ich begriffen, warum die wenigen Frauen an öffentlichen Orten immer schön sind. Wenn man schon alle Frauengesichter ins Haus verbannt, sodass man draußen nur noch Männer sieht, haufenweise melancholische Männer, achten die Pakistaner natürlich besonders darauf, dass das Gesicht einer Frau, das sich unverschleiert zeigen darf, ein hübsches Gesicht ist. Ich nehme an, das könnte man auch als Heuchelei werten.

Wir verschwanden in den Bergen und tauchten aus ihnen wieder auf. Unter uns erstreckten sich über den Hügeln und Abhängen die kunstvollen Terrassen. Sie wirkten wie grüne Fischschuppen oder Zechinen. Am Flughafen von Chitral holte uns ein Mann vom Mountain View Inn in einem Jeep ab: Ein gewöhnliches Auto war Chitrals Straßen nicht gewachsen. Man sagte uns, dass wir uns wie alle anderen sofort im Polizeihauptquartier melden müssten. Chitral ist ein militärisch wichtiges Gebiet; nur ein paar Meilen weiter sitzen hinter einer Bergkette die Russen, hinter der nächsten die Chinesen. Afghanistans gezackte und schneebedeckte Gipfel ragen am Ende der Straße auf.

Auf der Polizeistation mussten wir ewig warten, und ich schaute mir fasziniert die große Holztafel an, auf der jeder District Officer seit dem Ende des letzten Jahrhunderts verzeichnet war. Bis 1947, dem Datum der Befreiung des indischen Subkontinents von den Briten, waren die Namen alle englisch, sehr englisch, die »Turtons und Burtons« des britischen Empire. Mir fiel auf, das sie hier oben immer nur ein Jahr lang stationiert waren, und ich stellte mir einen jungen Mann vor, der in die gebirgige Einsamkeit Chitrals versetzt worden war, um das Empire zu repräsentieren. Für mich war es leicht, mir ein Bild von ihm zu machen, weil ich so viele von ihnen gekannt habe: steif, schüchtern, von der Bedeutung des Empire felsenfest überzeugt, im Großen und Ganzen anständig. Er war gewissenhaft und hatte nicht die geringste Ahnung von den Menschen, die ihn umgaben. Während ich mich in die Geschichte vertiefte, die die große Tafel erzählte, von den jungen Männern, die hier unter feindlichen Stämmen lebten, erstaunte es mich nicht wenig, dass sich Nancy überhaupt nicht dafür interessierte. Für mich war es eine Geschichte von Menschen, die vielleicht meine Eltern und Großeltern gekannt hatten. Für sie war das britische Empire Geschichte und die Vergangenheit fremder Leute.

Schließlich befahl man uns, beim Polizeichef vorzusprechen. Er war ein massiger, gut aussehender Mann, natürlich in Uniform, und saß hinter einem Schreibtisch, der mit Papieren überhäuft war. Wenn untere Dienstgrade mit Nachrichten oder Akten hereinkamen, salutierten sie, schlugen die Hacken zusammen und nahmen gleich darauf eine lockere, entspannte Haltung an – offenbar schüchterte dieser Mann seine Untergebenen nicht besonders ein.

Er hielt uns fest, indem er unaufhörlich redete.

Überall im Westen wären zwei Frauen unbestimmten Alters, die mit Kameras herumliefen, so »unsichtbar« wie eine Frau in einer Bhurka in einem islamischen Land. Niemand würde auch nur einen zweiten Blick auf sie verschwenden. Hier waren wir für jedermann eine Herausforderung oder eine Beleidigung und gaben dem Polizisten Rätsel auf. Nancy war mit Kameras und anderen Gerätschaften beladen, und wir erzählten ihm, was der Wahrheit entsprach, dass wir einen Arzt besuchen wollten, den

Nancy kannte und der eine Klinik für Afghanen leitete, die Freedom Medicine genannt wurde. Sicher sei dieser Arzt den Behörden bekannt, meinten wir. »Oh nein«, sagte der Polizist, »wen könnten Sie da bloß meinen?« Das absurde Spiel dauerte eine ganze Weile. Er wollte wissen, ob wir auch die Khafir Khalasch besuchen wollten, einen mittelalterlichen Stamm, der die große Touristenattraktion dieser Gegend ist. All die Bücher, die ich über diesen Landstrich und seine Menschen gelesen habe, beschreiben so etwas wie das gemütliche, fröhliche alte England, wie es wirklich einmal gewesen ist. Viel Tanz und Gesang, sehr pittoresk, aber schmutzig, stinkend und überwiegend nicht besonders reizvoll. Ja, ja, sagten wir, wir wollten den Stamm der Khafir Khalasch sehen, aber nicht auf dieser Reise; vielleicht ein andermal. Die unterschiedlichen Sichtweisen, die sich hier offenbarten, machten uns etwas verlegen, denn wir gehörten zu der Minderheit der Weltbevölkerung, die gern nach Pakistan reiste, weil es so schön ist, aber das Wichtigste offensichtlich nicht gesehen hatte.

Die Unterhaltung ging weiter. Wir fragten, ob man hier im Winter Ski laufen könne, weil man uns das erzählt hatte. Er sagte, dass Chitral im Winter fürchterlich sei, und schien allein bei dem Gedanken in einen Abgrund von Schwermut zu versinken. Ich fragte, ob es ihm lieber wäre, wenn wir im Winter kämen, und er lächelte. Dann brachte man uns in ein anderes Büro, wo man uns Passierscheine für zwei Tage aushändigte.

Es gibt Orte, die so schön sind, dass sie dir die Sinne rauben. Einer davon ist Chitral. Er liegt in einem Tal inmitten hoch aufragender Berge. An manchen Stellen vermischen sich die weißen Gipfel mit den weißen Wolken. Überall rauschen schöne Gebirgsflüsse. Sogar im September scheint die Sonne nicht vor acht Uhr morgens und geht um halb fünf unter: Wie mag es hier wohl im Winter sein?

Lange, lange Stunden der Dunkelheit, Stunden von dämmrigem Tageslicht mit traurig kurzen Momenten, in denen die Sonne ihre wärmenden Strahlen auf die kleine Stadt wirft. Wir verstanden, warum der Polizeichef den Winter fürchtete. Zurück im Hotel, zeigte sich uns das Ausmaß des Gartens. Er war groß, und hier wuchsen dieselben Pflanzen und Sträucher wie in einem Hotelgarten in Simbabwe. Und doch war diese Herberge völlig anders als zum Beispiel die Berghotels in der Vumba, in denen vor allem viel getrunken wird. Das Mountain View Inn wurde in den sechziger Jahren erbaut, ein anmutiges zweistöckiges Gebäude mit großen Veranden. In Peschawar hätte ich nie geglaubt, dass ich das Dean's Hotel einmal als Gipfelpunkt der Zivilisation betrachten würde, aber das war, bevor wir im Mountain View Inn logierten, was folgender Wortwechsel illustrieren mag: »Könnten wir ein Mineralwasser haben, mit Zitrone?«

Manager: »Wir haben kein Mineralwasser, schließlich sind wir hier nicht in Peschawar.«

Es gab Coca-Cola, 7-Up und noch mehr Coca-Cola.

Wir mussten einen Jeep mieten, dessen Fahrer natürlich bei der Polizei war, ein liebenswürdiger und hilfsbereiter Kerl, begleitet von einem Nuristaner, der ziemlich englisch aussah. Er erzählte mir immer wieder in seinem gebrochenen Englisch, wie sehr er die Engländer mochte.

Wir fuhren mit dem Jeep davon, um zu sehen, ob der amerikanische Arzt da war. Das Krankenhaus befand sich noch im Bau, doch im Hof standen schon die uns vertrauten, mit Lehmmauern umgebenen Zelte, in denen es von geschäftigen Mudschahidin wimmelte, die man hier ausbilden wollte. Als wir näher traten, rief der Arzt: »Sind das nicht englische Laute, die mein Ohr erfreuen?« Da dieser Ort so nahe an der afghanischen Grenze liegt, kommen hier Tag und Nacht Journalisten an. Wenn sie sich ein bisschen un-

terhalten und alles gesehen haben, ziehen sie wieder ab.
»Und was geschieht dann mit den Artikeln?«, fragt der Arzt.
»Sie werden geschrieben, aber nicht gedruckt.« Daraus
entwickelte sich ein Gespräch, das wir nicht nur einmal
führten, über die Frage, warum die westliche Presse den
russischen Standpunkt und nicht den afghanischen druckt.

Dieser Mann leitet mit seiner Frau ein großes Zentrum,
in dem afghanische Kämpfer als medizinische Assistenten
ausgebildet werden, um mit den Mudschahidin an die
Front zu ziehen. Die Klinik liegt nicht sehr weit von Peschawar entfernt, aber auch in unmittelbarer Nähe zu den
aktuellen Kämpfen, erklärt der Arzt. »Außerdem führt
hier die Straße vorbei, die die meisten Flüchtlinge aus Afghanistan nehmen. Es ist der einzige Ort, wo sich Frauen
und Kinder aus den hiesigen Lagern behandeln lassen
können. Heute würden hier normalerweise Menschen-
schlangen auf die Ärztin warten, die zwei- bis dreimal die
Woche mit dem Flugzeug aus Peschawar kam, doch sie
sind weggeblieben, weil sie irgendwie erfahren haben,
dass sie heute nicht kommt.« Sie würden nie im Leben zu
einem männlichen Arzt gehen, wie krank sie auch sein
mochten. Morgen, sagte er, könnten wir unsere Filmauf-
nahmen machen. Natürlich dürften wir auch die Frauen
filmen! (Kein Problem!) Kurz entschlossen eilten wir zum
Hotel zurück. Dort hatte man auf der Veranda für eine gemeinsame Mahlzeit gedeckt. Es war eine düstere Szene.
Aus irgendeinem Grund, den ich noch nicht herausgefun-
den hatte, gab es im Hotel an zwei Abenden in der Woche
kein elektrisches Licht, und man behalf sich mit Kerzen.
Zum Abendessen fanden sich ein schwedischer Fotograf
ein, eine niederländische Frau, die in einem Krankenhaus
für afghanische Frauen und Kinder in Peschawar arbeitete, und ihr Mann, der hier oben in Chitral irgendetwas
baute. Sie hatten ihr kleines Kind mitgebracht. Nach dem

Essen konnten wir alle nur noch zu Bett gehen. Nancy und ich gingen eigentlich nie vor ein oder zwei Uhr schlafen, doch hier krochen wir gehorsam um zehn Uhr unter die Decke. Auf der Veranda saßen pakistanische Männer und plauderten mit dem Hotelbesitzer, einem dicklichen jungen Mann von – das verstand sich fast von selbst – großem Charme. Bestimmt war dieses Hotel, das ganzjährig geöffnet hat, während des langen Winters das Zentrum der örtlichen (männlichen) Gesellschaft. Da ich nicht einschlafen konnte, lauschte ich den nächtlichen Lauten von Chitral. Irgendwo in der Nähe war ein Wurf junger Hunde wach und fing immer wieder an zu kläffen. Ein Esel schrie das Leid des Universums in die Dunkelheit hinaus. Die Männer plauderten angeregt, während sie über die Veranda zu ihren Zimmern gingen. Nebenan rauschte das Wasser, an den Wänden summten Moskitos. Bald krähte der Hahn. Und um zehn vor fünf erscholl der Ruf zum Gebet. Chitral war keine große Stadt. Sie hatte eine hübsche Moschee mit einem größeren Minarett: Ein Ruf, wollte man meinen, hätte genügt. Doch stattdessen rief ein halbes Dutzend tiefer männlicher Stimmen minutenlang die ganze Stadt auf, aufzustehen und zu beten. Ich zog mich im Dunkeln an, was wegen meiner gebrochenen Hand umständlich war, und blickte hinaus. Schon konnte man auf dem stillen Rasen in der Dämmerung einige Männer mit Bärten und Turbanen beten sehen. Sie standen da, warfen sich nieder, knieten und warfen sich erneut zu Boden. Ein anstrengendes Geschäft, das islamische Gebet. Hat sich der Erfinder dieser Übungen vielleicht gedacht, dass alle (Männer) gesund bleiben, wenn die Gebete von bestimmten vorgeschriebenen Bewegungen begleitet werden und die Bewegungen den ganzen Körper erfassen? Fünfmal am Tag unterzieht sich ein gläubiger Muslim (männlich) diesem Training.

Als sie damit fertig waren, erstrahlten die Berggipfel im Licht der frühen Sonne.

Das Bad, das über die originellste Dusche verfügte, die ich je gesehen hatte, war nur ein großer Raum mit Zementboden. Darin stand ein Schrank von viktorianischen Ausmaßen. War hier irgendwann ein viktorianischer Schrank aus einem britischen Wrack an Land gespült worden? Am Waschbecken befanden sich alle möglichen Steckdosen für Rasierapparate, Licht zum Rasieren und so weiter: der letzte Schrei an moderner Ausstattung. Auf einem kleinen Podest thronte die Toilette. Die Dusche ragte in der Ecke aus der Wand und überflutete den ganzen Boden, wenn man sie benutzte. Warum auch nicht? So wurden der Fußboden und die Person, die sich duschte, gleichzeitig gereinigt.

Wir frühstückten um sechs Uhr morgens in einem Speisesaal, der leicht zweihundert Gäste aufnehmen konnte. Doch bei welcher Gelegenheit brauchte man diesen Platz? Den größten Teil des Raums nahmen zwei lange Tische ein, die im rechten Winkel zueinander standen und mit den unsaubersten Tischtüchern bedeckt waren, die ich jemals gesehen hatte; es gab aber auch einen allein stehenden Tisch, an dem wir in der Gesellschaft eines trauernden Witwers frühstückten, der uns erzählte, dass er nach dem Tod seiner Frau in der Welt herumreise, weil er sich einsam fühle. Mit Pakistan als Urlaubsort habe er wirklich Glück gehabt, weil es ein Land voller Schönheiten sei. Der Mann sah buchstäblich wie ein Schurke aus. An seiner Schläfe gähnte ein Krater von einer alten Wunde. Ein Waffenhändler? Drogen? Oder nur ein einfacher, gewöhnlicher Spion? Vielleicht sogar ein altmodischer, der sich den Interessen eines Landes verschrieben hatte? Ich glaube, er war Deutscher oder Niederländer.

Chitral war eine Handelsniederlassung an der alten Seidenstraße gewesen. Das Wort »Seide« zaubert einen Hauch von Glanz und Luxus hervor; doch die Straße war nie mehr als ein steiniger Pfad, der hier an den Bergflanken entlang zum Fluss hinabführte. Die Tiere der Karawane mussten wohl im Gänsemarsch laufen. Auf dem Basar von Chitral an der Hauptstraße fühlt man sich um hundert Jahre zurückversetzt. Der holprige und steile Weg wird von den üblichen Buden aus Lehm oder Lehm und Stroh gesäumt, deren Dächer mit Erde bedeckt sind. Sie verkaufen alles, wie eh und je, nur dass jetzt einige Waren aus Plastik sind. Überall laufen die Mudschahidin herum, kaufen Lebensmittel für ihre Familien in den Flüchtlingslagern und trinken in den winzigen Teestuben Tee. Wir schauten uns um und fuhren dann mit dem Jeep zur Klinik des Arztes. Doch die Ärztin aus Peschawar war nicht gekommen, und so gab es keine Schlangen von Frauen, die wir filmen oder fotografieren konnten. Wir beschlossen, mit dem Jeep nach Garam Chasma hochzufahren, was »warme Quellen« bedeutet. Dazu braucht man zwei Stunden, nicht weil es so weit ist, sondern weil die Straßen so schlecht sind. Manchmal hielten wir an und nahmen einen Mudschahid mit. Die erhabene Schönheit der Landschaft verblüffte uns. Die Straße wand sich durch die Berge, wo es nur irgendwie möglich war. An manchen Stellen lagen im Fluss Felsbrocken von der Größe eines Hauses.

Nach ungefähr einer halben Stunde Fahrtzeit erblickten wir an einem Abhang eine Menge weißer, von Mauern umgebener Zelte. Das war ein Lager der Mudschahidin. Auf diesem Hügel befanden sich Hunderte von Männern. Wir hielten an und stiegen aus; der Fahrer begleitete uns, weil er uns nicht allein lassen wollte. Doch es gab keinen Grund, sich Sorgen zu machen. In der Woche nach meiner Heimkehr habe ich einen Film über die Mudschahidin gesehen, der sie als verrückte, drogenabhängige Wilde darstellte.

Wenn man im Fernsehen einen Film über dieses Lager zeigen würde, bekäme man den Eindruck von freundlichen Männern mit guten Manieren in einem wohl geordneten Lager. Von ihrem Standpunkt aus war es sicher schwer, plötzlich mit zwei unverschleierten, ungläubigen Frauen konfrontiert zu werden; außerdem wurde dieses Lager allzu oft von Journalisten aufgesucht, weil es direkt an der Hauptstraße lag. Aber sie verhielten sich überaus höflich und zuvorkommend. In einem Zelt schliefen sie, im anderen saßen einige herum und unterhielten sich. Einer schrieb einen Brief an seine Familie, andere lasen Bücher und Zeitungen, darunter auch eine englische. Ein Mudschahid hockte draußen zwischen den Zelten und bereitete das Essen zu: im Teig ausgebackene Gemüse mit irgendeiner Soße, keine üppige Mahlzeit. Als wir gingen, hörten wir, wie sie im Zelt lachten und sich über uns lustig machten. Sie imitierten unser »Taschakur«, »Taschakur« (»Danke schön«, »vielen Dank«) in hohen weiblichen Stimmen. Das hätte gemein oder feindselig sein können, war aber nur freundlich gemeint.

Wir fuhren weiter auf den Pass hinauf. In Garam Chasma setzte uns der Fahrer in einem kleinen Obstgarten ab und brachte uns grünen Tee aus der Chaikhana. Direkt hinter dem Obstgarten arbeiteten Männer hoch oben an der Backsteinmauer eines neuen Gebäudes. Die Mauer wirkte zerbrechlich, doch alles Menschliche musste inmitten dieser Berge leicht und unbedeutend erscheinen. Auf grünen Wiesen standen Hunderte von Pferden. Sie waren dick und fett, denn der Sommer neigte sich dem Ende zu. Während der Stunden, die wir dort verbrachten, wurden die Pferde von den Mudschahidin in Gruppen zum Fluss hinuntergeführt und dort getränkt.

Wir hatten Glück, dass sich einige Mudschahidin bei unserer Ankunft gerade darauf vorbereiteten, zum Kämpfen in die Berge zu ziehen. Ihr Ziel war Pandschir. Sie würden ein paar Tage brauchen, um dort anzukommen. Sie marschieren fast ununterbrochen und machen täglich nur vier Stunden Pause, um Brot zu essen, grünen Tee zu trinken und ein wenig zu schlafen. Sie ziehen mit einem Vorrat ihres Brotes ins Feld, dem nahrhaften flachen *nan* aus dieser Gegend. Wenn sie endlich ihre Verstecke erreicht haben, sind ihre Füße bis zu den Knien angeschwollen, und sie müssen sich ausruhen. Alles, was sie tragen, sind Sandalen. Wenn der Schnee kommt, erfrieren sich viele Zehen oder sogar die Füße.

Später Nachmittag. Die Septembersonne beschien die grüne Wiese hoch über dem Dorf, wo die Männer zu Hunderten dabei waren, ihre glänzenden Pferde zu beladen. Sie hatten ihre Decken über die Schulter geworfen und trugen ihre geliebten Kalaschnikows. Während dieser Vorbereitungen saß ich allein im Jeep auf der Hauptstraße des Dorfs, genau gegenüber der kleinen Teestube, in der die Mudschahidin eine letzte Mahlzeit vor der Reise zu sich nehmen wollten. Sie kamen am Jeep vorbei, einzeln, zu zweit oder in Gruppen, und blieben stehen. Eine weiße Frau in einem Jeep? Das konnte nur eine Ärztin sein. Sie baten mich um Medikamente. Sie zogen ohne medizinische Versorgung in den Kampf, ohne einen Arzt. Ich musste Nein sagen, nein, tut mir Leid, ich konnte ihnen nichts geben. Sie fragten mich offen und frei heraus und nahmen die negative Antwort so gleichmütig hin wie Menschen, die es gewohnt sind, enttäuscht zu werden. Diese »Straße« war in Wirklichkeit ein Weg aus hart gewordenen Matschfurchen zwischen Häusern aus Lehm und Stroh. Wieder hätte man sich wie vor hundert Jahren fühlen können, hätten die Männer nicht die Waffen getragen.

Auch Esel kamen hier vorbei, scharenweise, kleine Esel, die sich geschickt zwischen den Furchen und Steinen bewegten. Sie waren gut genährt, hatten aber alle wunde Stellen von schlecht sitzenden Gurten und Riemen. Am Ende dieses Winters würden die Esel nicht mehr so aussehen, und all die dicken Pferde – na ja, zumindest viele von ihnen – wären nicht mehr am Leben. Es gab nicht genug Futter.

Die Männer mit ihren Pferden brachen auf, zogen zum Pass hinauf und verschwanden in den Bergen.

Und wir machten uns auf den Weg nach Chitral. Wenn Peschawar neben Chitral wie eine Metropole gewirkt hatte, so war Chitral jetzt im Vergleich zu Garam Chasma die Zivilisation schlechthin. Doch wir dachten an die Kämpfer, die während der Nacht in die Berge zogen. Es würde sehr dunkel sein, weil der Mond nicht schien. Es würde auch still sein, vielleicht hörte man nur das Geräusch der Hufe auf den Steinen und die Nachtvögel. Wir hatten von leichtsinnigen Mudschahidin gehört und gelesen, die durch Lärm den Feind auf sich aufmerksam machten, aber dieser Haufen hatte auf uns einen vernünftigen, wachsamen und verantwortungsbewussten Eindruck gemacht.

Wir fuhren mit dem Jeep zurück, weil man uns bei Freedom Medicine zum Abendessen eingeladen hatte, und kamen in eine Krisensituation. Auf der Veranda des unfertigen Krankenhauses saßen die Mudschahidin, die als medizinische Hilfskräfte ausgebildet wurden, mit Doktor Brenner zusammen. Die Klinik sollte geschlossen werden, sie hofften, nicht für immer. In dieser Gegend gab es kein anderes Krankenhaus, weder für die Mudschahidin noch für die Zigtausende in den nahen Flüchtlingslagern. Das Gebäude musste geräumt werden, sie würden die Zelte abbauen müssen. Einige würden sich nun auf einen zähen Kampf mit der Bürokratie einlassen, der hier ohnehin schon viel Zeit kostete und ihren Gesichtern diesen charakteristischen Ausdruck geduldiger Beharrlichkeit verlieh. Genau

148

wie den Mudschahidin, als ich ihnen sagte, dass ich keine Medikamente hätte.

Doktor Brenner meinte, es sei immer eine Frage des Durchhaltens. Als er seine erste Klinik eröffnete, hatte er überhaupt kein Geld. Er bat erst dann um Geld, als er mit dem Bau begonnen hatte. Er bekam es. Er bekam immer Geld, aber nie genug. Immer, wenn es hoffnungslos schien, kam von irgendwoher Geld. Er redete so, wie ich es von religiösen Gemeinschaften kannte: »Gott wird uns beistehen.« Bevor wir diese Gruppe auf der kleinen Veranda, mit dem unvollendeten Operationsraum im Rücken verließen, mit der wir vielleicht zum letzten Mal zusammensaßen, wenn die Entscheidung der Bürokratie gegen sie ausfallen sollte, fragten wir, ob jemand von der Kommandeurin aus Herat gehört hätte, unter deren Befehl Männer kämpften. Stilles, höfliches Lächeln, das bedeutete, dass so etwas unmöglich war.

Wieder gingen wir kurz nach dem letzten Aufruf zum Gebet ins Bett. Die Männer auf der Veranda plauderten leise und schläfrig weiter. Man hatte wirklich den Eindruck, ganz Chitral wäre schlafen gegangen, doch vielleicht ging es ja innerhalb der Häuser fröhlich zu, vielleicht gab es dort auch Gespräche zwischen Männern und Frauen oder irgendwo eine Party. Doch da sie alle um fünf Uhr aufstehen mussten, war es jetzt wahrscheinlich Zeit zum Schlafengehen. Ich dachte an den Polizeichef und seine Klage über die trostlosen Winter: Wollte er damit andeuten, dass die Herbstabende in Chitral dem rauschenden Vergnügen gewidmet waren?

Vielleicht war alles ganz anders, wenn wir Chitral das nächste Mal besuchten. Der Touristikmanager lässt einen Teeraum bauen, weil es in Chitral keinen Teeraum für Besucher aus dem Westen gibt. Er wird über Dächer und Gärten blicken und über den Fluss bis zu den Bergen, die laut zu sagen scheinen: »Das wird auch vorübergehen.« Durch dieses Tal sind die Armeen von Alexander dem Großen und die Mongolen gezogen. Jetzt stehen die Russen hinter jener Bergkette und warten ihre Zeit ab.

Der Manager sagt lachend: »Vielleicht kommen die Amerikaner im nächsten Sommer zurück und machen uns alle reich.« Er teilt die liebevolle Kritik der Europäer an den Amerikanern, die sich von ein paar Bomben einschüchtern lassen. Wie alle anderen sagt er: »Warum nur? In ihren Städten bringen sich die Leute doch ständig um.« Er zuckt die Achseln. Und wir auch.

Der Fahrer des Jeeps, das heißt der Polizeiagent, der für uns verantwortlich war, hatte uns gesagt, dass wir die Moschee im ersten Licht des Tages filmen sollten, was in dieser Bergschlucht natürlich ziemlich spät war. Als wir aufbrachen und nach dem Weg zur Moschee fragten, taten mehrere Männer mit grauen Bärten und Turbanen so, als würden sie das Wort »Moschee« nicht verstehen. Wir wussten also nicht, welchen Weg wir nehmen sollten, und kehrten zum Hotel zurück, wo man uns erklärte, dass wir diese und nicht jene Straße nehmen und uns nicht um die Mullahs kümmern sollten. Dann schritten wir unter Massen von Kindern in Uniformen dahin, die zur Schule wollten: in eine moderne Welt. Die Moschee war hübsch, leicht und anmutig; die Kuppeln waren mit verschiedenen Farben bemalt. Sie schien im frühen Sonnenlicht zu schweben. Aus einer gewissen Entfernung sah sie aus, wie man sich eine Moschee vorstellte; sie war aber nicht solide gebaut und hatte schon Flecken und Risse. Einige der verrückten Mullahs warfen ein wachsames Auge auf Nancy, während sie die Moschee fotografierte.

Dann tauchten wir wieder in den Strom der Schulkinder ein. Hinter uns marschierte ein Regiment Soldaten. Sie gingen auf ein anderes altes, verfallenes Gebäude zu, das vermutlich der Palast war, in dem sich frühere Herrscher vergnügt hatten. Über dem Eingang befanden sich wunderschöne Kacheln; wir hätten sie uns gern angeschaut, wagten aber nicht, näher hinzugehen, weil wir nicht wussten, ob es sich um militärisches Gebiet handelte. Nancy ließ ein Teil von ihrer Kamera fallen. Der verantwortliche Offizier spießte es mit der Spitze eines Bajonetts auf, übergab es ihr mit einer Verbeugung und lud uns mit einem Lächeln ein hineinzugehen. Wir folgten den Soldaten in einen großen, leeren Hof, der von baufälligen Gebäuden mit vielen Zimmern umgeben war, in denen die Soldaten schnell verschwanden. Wozu?, fragten wir uns. Was hatten Soldaten in diesen Ruinen zu suchen? Eine melancholische Atmosphäre umgab den alten Palast, der bald nur noch ein weiterer Erdhügel sein und davon künden würde, dass hier einmal ein Bauwerk gestanden hatte.

Wir hatten den zweiten Flug gebucht, der an diesem Morgen in Chitral startete. Das hört sich einfach an, war aber mit viel Schwierigkeiten und Schlangestehen verbunden.

Das Büro der Fluggesellschaft in Chitral besteht aus einem schmuddligen, kleinen Raum, dessen winzige Veranda ein Fenster, einen Fahrkartenschalter, hat, durch das man auf einen rauschenden Bach blickt, der aus einer Felswand auftaucht und unter der nächsten verschwindet. Um das Büro zu erreichen, muss man behände sein und von einem Ufer zum anderen trippeln. Wann immer das Büro geöffnet ist, drücken sich frustrierte Menschenmengen gegen das Fenster. Wir Frauen fielen in der Masse der Männer auf und wurden sofort hereingebeten, damit man uns nicht mehr sehen konnte. Sie gaben uns Tickets für das überfüllte Flugzeug. Die Maschinen waren immer überfüllt. Da der Flug von Chitral durch die Berge eine knifflige Angelegenheit ist, die geschickte Navigation erfordert, werden beim leisesten Anzeichen von schlechtem Wetter alle Flüge eingestellt. So gibt es immer einen Überhang von Passagieren, die sich erwartungsvoll um dieses Fenster drängen. Wir wollten Chitral unbedingt verlassen. Angenommen, das schlechte Wetter zog heran, während wir noch hier waren? Dann mussten wir womöglich den Winter dort verbringen! Der einzig andere Weg, aber nicht im Winter, ist die zehnstündige Fahrt über die Straße, malerisch, aber so entsetzlich, dass Menschen, die diesen Weg gewählt haben, sagen: »Nun ja, das ist sicher etwas, das man einmal erlebt haben sollte.« Vorkehrungen, um einen ganzen Winter zu überstehen, müssen im Herbst getroffen werden. Die Straße wird beim ersten Schneefall geschlossen, und das Flugzeug fliegt oder fliegt auch nicht.

Als wir aus dem Büro kamen und wie Ziegen über den kleinen Bergbach staksten, fragte uns ein Mudschahid: »Wie sind Sie in das Büro gekommen? Uns gelingt das nicht.«

»Oh, ganz einfach«, erwiderte Nancy mit leisem Stolz, »wir sind Frauen.«

Am Flughafen verabschiedeten wir uns von dem Fahrer des Jeeps und seinem jungen nuristanischen Assistenten mit aufrichtiger Traurigkeit. »Sie sind ein wunderbarer Fahrer«, sagte ich ehrlich überzeugt und dachte daran, wie er diesen Jeep stundenlang über die schrecklichen Straßen manövriert hatte. In diesem Augenblick begann der Jeep rückwärts zu rollen; er hatte vergessen, die Bremse anzuziehen. Die Leute sprangen lachend aus dem Weg; der Jeep wurde eingefangen und sicher abgestellt, und wir wurden ins Flughafengebäude gebracht. Dort fragte uns ein Mann in dem gewöhnlichen pakistanischen Gewand, das wie ein Schlafanzug aussieht, nach unseren Pässen. Nancy wurde plötzlich zu einer wahren Tochter der amerikanischen Revolution und sagte hochmütig, dass sie es nicht gewohnt sei, ihren Pass jedem zu zeigen, der danach fragte. Um sie zu unterstützen, führte ich ins Feld, dass er überhaupt keine Erkennungsmarke trage. Der arme Kerl staunte nicht schlecht: Natürlich kam er von der Polizeistation und wollte sich vergewissern, ob wir wirklich abflogen. Er kramte in einer Tasche herum und zog ein Dokument mit Foto heraus, das ihn als Angehörigen der Sicherheitskräfte auswies. Es war in eine alte Zeitung eingewickelt. Daraufhin reichten wir ihm unsere Pässe. Wir bedauerten es, Chitral verlassen zu müssen.

Dort, am Ende der Welt, in einem kleinen Flughafen im Gebirge, traf man auf Extreme; dort gab es kein Büffet, aber einen Mann, der dir den Tee persönlich auf einem Tablett servierte. Dann wurden Nancy und ich der Purdah entsprechend selektiert und mussten durch die Passkontrolle gehen. Nancy wurde natürlich aufgefordert, ihre Kamera auseinander zu nehmen. Was mich betraf, so musste ich den Gipsverband von meinem gebrochenen Handgelenk entfernen, weil sie sehen wollten, ob ich darunter vielleicht Drogen oder sogar eine Bombe versteckt hatte. Diese Arbeit wurde selbstverständlich von betörend hübschen Mädchen erledigt. Sie lachten ein wenig beschämt, während sie meine Körperteile abtasteten, ließen sich aber in ihrem Tun nicht beirren. Für die Purdah gab es in Chitral einen kleinen Raum für Frauen und kleine Kinder. Er war voll. Purdah bedeutet, dass die Frauen aus den Fenstern blicken und immer wieder die Türen einen Spaltbreit aufmachen, um zu schauen, was auf der anderen Seite passiert; es ist ein Ort, wo man das beobachtet, was außerhalb des Raums geschieht, in dem man eingesperrt ist.

Im Flugzeug war kein Platz mehr frei. Sie führten einen jungen Mann hinaus – groß, langhaarig, Amerikaner, ein sechziger Jahrgang, mit Drogen voll gepumpt – und brachten ihn anschließend wieder in die Maschine zurück. Ein Sicherheitsmann mit einer Pistole hielt sich die ganze Zeit vorn beim Piloten auf. Wir fragten uns, ob es schon wieder eine Bombe oder einen Vorfall im Flughafen gegeben hatte, der uns entgangen war: In Chitral hatten wir keine Zeitung gelesen.

Wir stiegen aus und tauchten in den Dunstschleier über Peschawar ein. Im Dean's Hotel wirbelten die Ventilatoren die dicke Luft auf. Meine Zeit lief ab. Kurz vor meiner Abreise traf ich zwar nicht auf die gebildete Frau, nach der wir gesucht hatten, aber auf einen Professor, einen Mann, der sich äußerst beredt für seine weiblichen Landsleute einsetzte. Es handelte sich um Professor Majruh, der in Kabul Literatur gelehrt hatte und jetzt an der Universität von Peschawar arbeitete. Er sagte: »Wie ich höre, haben Sie sich mit den Mudschahidin getroffen. Starke Typen, ja, ich weiß. Aber ich versichere Ihnen, dass ich tausendmal lieber ein Mudschahid wäre als seine Frau. Ein Mudschahid muss großes Elend ertragen; er hat vielleicht monatelang nur wenig zu essen, keine warmen Kleider und stirbt meist an mangelnder medizinischer Versorgung, wenn er verwundet wird; viele von ihnen werden getötet. Doch das ist immer noch besser als das Schicksal einer afghanischen Frau in einem dieser schrecklichen Lager. Wir sind ein Berg- und ein Wüstenvolk, wir sind an weiten Raum gewöhnt; niemand lebt in Afghanistan eingeengt, weder in den Städten noch außerhalb. Die Frauen hatten vor der ›Katastrophe‹ ein gutes Leben, nur wenige waren verschleiert; die Macht der Mullahs war im Vergleich zu heute gering. Es ist eine Tragödie dieses Kriegs, dass die Mullahs so viel Einfluss bekommen haben. Die Afghanen sind von Natur aus kein fanatisches Volk, auch wenn man das manchmal denken mag, wenn man sie über den Dschihad sprechen hört. Es war dieser Krieg, der diese Seite ihres Charakters verstärkt hat.

»Die Frauen haben aufgehört zu singen«, fährt der Pro-

154

fessor fort. »Vor der ›Katastrophe‹ haben die Frauen in den Dörfern immer gesungen. Jetzt sind sie zusammen mit ihren Kindern wie Tiere in den Lagern eingesperrt, ohne dass ein Ende des Kriegs abzusehen ist. Ihre Männer kämpfen, kommen zwischen den Schlachten zu Besuch; das kann manchmal Monate dauern. Die Frauen haben Depressionen, wie man es gelegentlich über eure Frauen liest, und leben mit Beruhigungsmitteln, wenn sie welche bekommen können. Sie sind nach der Purdah gezwungen, den Schleier zu tragen; sie dürfen die Lager nicht verlassen und werden von den Mullahs und der pakistanischen Verwaltung überwacht. Nein, ich kritisiere die Pakistaner nicht; ohne sie wären wir alle schon tot, ohne sie würde es keine Afghanen mehr geben.«

Dann sprach er über die Ausrottung der afghanischen Intelligenz durch die Russen. »Eine ganze Generation von Dichtern, Dramatikern, Schriftstellern, Intellektuellen ist in ihren Gefängnissen verschwunden, und man hat nie mehr etwas von ihnen gehört. In Afghanistan gab es eine literarische Bewegung, etwas Neues und Vielversprechendes. All diese Leute hat man einfach ausgelöscht. Warum hat die Welt nicht protestiert? Ist in unserer Zeit schon jemals zuvor eine ganze Generation von Intellektuellen vernichtet worden, ohne dass sich irgendjemand dagegen auflehnte? Die Liste mit ihren Namen würde diese Wand dort von oben bis unten füllen, alle gefoltert und ermordet, und kein Ton der Empörung.«

Schließlich fanden wir eine Frau, die wir ohne Kontrolle durch einen selbst ernannten Sittenwächter interviewen und filmen konnten. Was vorher fast unmöglich erschienen war, ging jetzt ganz leicht, wie immer, wenn eine Sache nach vielen Schwierigkeiten endlich zustande kommt. Es ist kaum vorstellbar, dass sich Tajwar Kakar von irgendjemandem vorschreiben lässt, was sie zu tun hat. Sie ist eine kleine, aber energische Frau, bestimmt und selbstbewusst. Sie lebt mit ihren sieben Kindern in den üblichen ärmlichen Verhältnissen, fünf Mädchen und zwei Jungs, die sie als Lehrerin ernährt. Sie arbeitet sehr schwer.

Sie wohnte in Kunduz im Norden Afghanistans und kam unmittelbar nach dem kommunistischen Staatsstreich von 1978 mit dem Widerstand in Berührung. Mithilfe männlicher Kommandeure gründete sie eine Schule, in der junge Männer lernten, mit Waffen und Sprengstoff umzugehen. Sie nahm an vielen Demonstrationen gegen das kommunistische Regime teil, und als die Russen 1980 einmarschierten, erhielt sie die Aufgabe, Geld, Lebensmittel und Kleidung zu den Familien der Männer zu bringen, die in Kabul im Gefängnis saßen oder gefallen waren. Dort fand sie eine Arbeit als Lehrerin und kämpfte aktiv im Untergrund.

Mitglieder der kommunistischen Partei bedrohten sie mit Verhaftung. Sie sagte: »Ihr seid Heuchler, eure Worte klingen schön, doch eure Taten sind hässlich.« Sie wurde verhaftet und gefoltert, gab aber keine Informationen preis. Sie wurde in Einzelhaft gesteckt, weil sie »ein schlechtes Beispiel für die anderen weiblichen Gefangenen« sei. Da sie nichts aus ihr herausbekamen, wurde sie freigelassen und ging nach Kunduz zurück. Dort arbeitete sie weiter im Widerstand, bis ein Mann, der alles über sie wusste, in Kunduz zum KHAD-Offizier ernannt wurde. Mit Unterstützung der Mudschahidin floh sie mit ihrer Familie nach Kabul. Als wir ihr unsere Routinefrage stellten: »Die Russen sagen, dass sie den Frauen Afghanistans die Freiheit bringen, was meinen Sie dazu?«, lachte sie und sagte, dass vor der »Katastrophe« keine einzige afghanische Frau im Gefängnis gesessen habe, während die Gefängnisse in Afghanistan jetzt voll von Frauen seien.

Zufällig kamen wir auf das Thema der Frauen im Widerstand zu sprechen. »In Herat kämpft eine Frau im Widerstand, deren Vater als Freiheitskämpfer ums Leben kam. Danach nahm ihr Bruder seine Stelle als Kommandeur ein und wurde ebenfalls umgebracht. Sie ersetzte ihren Bruder und gründete eine unabhängige Gruppe weiblicher Soldaten. Sie erhielten Waffen von den Mudschahidin und führten ihre Operationen in eigener Verantwortung aus.«

Und die Frau, die man Maryam nannte und die dreitausend Männer unter sich hatte? Doch die Frage, die seit unserer Ankunft in Peschawar im Vordergrund gestanden hatte, schien an Bedeutung verloren zu haben, kam uns leichtfertig, sensationslüstern und sinnlos vor. Was spielte es für eine Rolle, wer kämpfte? Für sie war es bestimmt nicht wichtig. Für sie zählte nur, dass gekämpft wurde.

Ich flog über Islamabad nach England zurück. Wenn ich auf dem Hinflug nach Peschawar einen so schlechten Platz wie auf dem Rückflug gehabt hätte, hätte sich mir die Landschaft, die vom Kampf zwischen Mensch und Natur zeugt, nicht so intensiv eingeprägt.

Ich verbrachte die Nacht in einem Hotel. Da ich wieder nicht einschlafen konnte, stand ich um ein Uhr nachts am Fenster. Es war heiß und feucht, es roch nach Staub, Benzin, Gewürzen, Abwässern. Die Geräusche, die so anders als in London sind, fesselten meine Aufmerksamkeit. In Islamabad gingen die Menschen auch früh zu Bett; doch in einem oberen Stockwerk, in dem noch Licht brannte, hörte man einen Mann singen, traurig, langsam, sehnsuchtsvoll und verloren. Direkt unter mir, zwischen den geparkten Wagen, saß der Nachtwächter des Hotels mit drei oder vier Kumpels. Diese ernsten Männer mit Bärten und Turbanen tranken Tee, gingen weg und kamen zurück; das unaufhörliche Murmeln ihrer tiefen Stimmen wurde manchmal von einem Bus oder einem Auto übertönt, die frühzeitig aufbrachen, um der Hitze und dem Verkehr zuvorzukommen. Das Licht im oberen Fenster brannte immer noch, die Melodie wehte durch die Nacht. Dann ertönte der Ruf zum Gebet, der melancholisch und sehnsüchtig klang wie das Lied des Mannes. Es war ein trauriges Duett.

Seit ich aus Pakistan zurück bin, nimmt meine Bewunderung für dieses Land von Tag zu Tag zu. In Peschawar unterstellen die Menschen Pakistan unlautere Motive; man sagt dort, dass die Hilfsgüter und die Waffen für die Flüchtlinge gestohlen werden, dass die Behörden bestechlich sind und die bloße Existenz der Lager die Wirtschaft ankurbelt. Das mag ja alles wahr sein, doch als ich aus Pakistan zurückkehrte, erfuhr ich, dass die Arbeiter, die wir vor langer Zeit, als wir sie gut brauchen konnten, nach Europa geholt hatten, nach Hause geschickt wurden. Nicht nur in Europa, auch in Arabien werden ausländische Arbeiter zurückgeschickt. Wir haben einige von ihnen in Peschawar getroffen. Was wir, die reichen Länder Europas, doch wegen der paar Flüchtlinge, die wir aufnehmen, für einen Aufstand machen! General Zia hat sich nicht beirren lassen und wird die Flüchtlinge nicht zu den Russen zurückschicken.

Benazir Bhutto hingegen hat gesagt, dass sie sie nach Hause schicken wird, wenn sie an die Macht kommt.

November 1986

Jetzt erhalten die Mudschahidin auch einige *Stingers* – die lang ersehnten Boden-Luft-Raketen. Nicht so viele, wie man behauptet hat, nicht genug, um ihnen den Sieg zu bringen; doch allein die Tatsache, dass sie da sind, bedeutet eine gewaltige moralische Unterstützung.

Dezember 1986

Während dieses Buch in Druck geht, erreicht uns die Nachricht, dass die Russen einen sechsmonatigen Waffenstillstand unter bestimmten Bedingungen angeboten haben. Sie wissen natürlich, dass diese Bedingungen von den Mudschahidin nicht akzeptiert werden, deren Zustimmung notwendig ist, um die Kämpfe zu beenden.

Was wollen die Russen damit erreichen? Welche Auswirkungen sind bereits jetzt erkennbar?

1. Genau wie damals, als die Russen den Abzug einiger Truppenteile im Herbst ankündigten, sagen die Menschen mit einem erleichterten Blick: »Ach, das ist gut, nun geht dieser Krieg wirklich zu Ende, nicht wahr?«, was im Ergebnis heißt, dass man sich nicht mehr darum kümmern und nicht mehr daran denken muss. Dieser Aspekt des neuen Angebots wiederholt die russische Propagandastrategie seit dem Beginn des Krieges, die darauf abzielte, die Beteiligung und das Interesse des Westens an diesem Krieg zu verringern.

2. Pakistan wird heute mehr denn je durch die Frage der afghanischen Flüchtlinge belastet: Pakistan – wenn nicht Zias Regierung, dann eine andere – könnte beschließen, die Flüchtlinge zurückzuschicken. In jedem Fall wird ein instabiles Land noch mehr verunsichert.

3. Einige der Mudschahidin werden versucht sein aufzugeben. Einige werden sich vielleicht ergeben, wenn auch nicht viele, wie ich glaube. Aber im Endeffekt wird der Widerstand geschwächt und erschüttert werden. Auf der anderen Seite könnte eben diese Erschütterung, ein neues Element in diesem Krieg, den Widerstand stärken oder ihm neue Formen geben.

Natürlich wollen die Russen den Krieg beenden. Aber sie wollen ihn zu ihren Bedingungen beenden. Ich glaube, dass dieses Angebot explosive Auswirkungen haben kann, weit über das hinaus, was sich die Russen heute vorstellen. Zum Beispiel werden sie versucht sein einzumarschieren, wenn Pakistan im Chaos versinkt – mit welchen Folgen? Oder die Situation entwickelt sich in irgendeine Richtung, die die Russen nicht vorhergesehen haben und die zu mehr internationaler Einmischung führt, als ihnen lieb ist. Wenn die Mudschahidin und die Flüchtlinge gewaltsam nach Hause geschickt werden, wird nur die strengste internationale Aufsicht einen Massenmord verhindern können. Je mehr internationale Intervention es gibt, desto größer wird die Wahrscheinlichkeit einer Regierung, die die Russen ganz sicher nicht wollen.

Ist es möglich, dass dieses Angebot zu der Art von russischem Verhalten gehört, das von dem hochrangigen Offizier (auf Seite 71f.) beschrieben wurde, der meinte, dass die Russen zu unflexibel seien, um eine neue Taktik anzuwenden, wenn etwas schief läuft, sondern dass sie vielmehr ihre Methoden verstärken, mit denen sie bereits arbeiten, und manchmal das zerstören, was sie erreichen wollen?

Januar 1987

DRITTER TEIL

Interviews mit
Mrs. Tajwar Kakar

Afghanisches Informationszentrum
Monatliches Bulletin
Nr. 57, Dezember 1985

Tajwar Sultan, Widerstandskämpferin

Mrs. Tajwar Kakar, im Widerstand unter dem Namen Tajwar Sultan bekannt, ist siebenunddreißig Jahre alt und Mutter von sieben Kindern (fünf Mädchen und zwei Jungen). Zusammen mit ihrer Familie lebt sie als Flüchtling in Peschawar (Pakistan).

Sie hat das Lehrerkollegium abgeschlossen und in Kunduz in Nordafghanistan als Lehrerin und Schuldirektorin gearbeitet. Kurz nach dem kommunistischen Staatsstreich von 1978 beteiligte sie sich aktiv am Widerstand. Sie gründete zusammen mit den männlichen Widerstandskämpfern der Provinz in dem kleinen Dorf Choqor Qishlaq eine Schule, an der Jungen im Gebrauch von Waffen und Sprengstoff ausgebildet wurden. Sie durfte an einem Treffen von Dschamiat-i-Islam-Widerstandskommandeuren teilnehmen, bei dem auch bekannte Personen wie Qazi Islamuddin, Nek Mohammad Khan, Maulawi Abdul Samad anwesend waren. Ihr Vorschlag auf der Versammlung lautete:

1. Kein Freiheitskämpfer, und besonders nicht die Kommandeure, sollte vor Kriegsende heiraten.

2. Widerstandskämpfer, die von den kommunistischen Behörden zehn bis zwanzig Tage nach ihrer Verhaftung freigelassen werden, sind nicht vertrauenswürdig.

3. Um die Unterwanderung des Widerstands durch den Feind zu verhindern, sollte eine gesonderte Organisation, die die Lebensgeschichte jedes Kämpfers untersucht, gegründet werden.

Aus Anlass des ersten Jahrestags des kommunistischen Regimes im April 1979 beschlossen Tajwar und ihre Kollegen, die offiziellen Feiern zu stören. Den Lehrern war befohlen worden, die Kinder auf den Paradeplatz zu bringen. Tajwar und ihre Freundinnen statteten einige Kinder mit Luftballons und Spielzeugsprengstoff aus. Als die Parade begann, platzten die Ballons mit den kleinen Sprengstoffkapseln. Einige Frauen in der Menge riefen: »Die Mudschahidin kommen!« Die Menschen liefen auseinander. Ein paar einfache Soldaten, die um den Paradeplatz Wache standen, feuerten ihre Gewehre ab. Es herrschte Panik. Die an der Parade teilnehmenden Parteimitglieder rannten in Deckung. Auf der Festtribüne breitete sich Verwirrung aus. Viele Menschen wurden in dem Gedränge verletzt. Sogar die Frau des Provinzgouverneurs wurde verwundet und ins Krankenhaus gebracht. Die Zeremonie wurde abgeblasen.

Dann nahte der erste Mai, der »Tag der Arbeit«. Die Damen wollten sich nicht damit begnügen, nur passive Zuschauer zu sein. Einen Tag vor der Festlichkeit baten sie einige ihrer guten Schüler, Wespen zu fangen und sie in kleine Schachteln zu sperren. Die Menschenmenge war riesig. Bewaffnete Parteiaktivisten, die Parolen riefen und Spruchbänder, Fahnen und große Porträts der Führer des Regimes trugen, fingen an, in Reih und Glied zu marschieren. Die Menge, von Untergrundkämpfern vorwärts geschoben, kam näher und näher. Die Kinder rannten, wie außer Rand und Band geraten, zwischen den marschierenden Reihen herum und öffneten ihre Schachteln. Die Wespen flogen in die Hosen und Hemden und stachen. Die Marschierenden hörten auf, Parolen zu rufen. Sie drehten sich im Kreis und rissen sich die Kleider vom Leib. Doch die Kinder hatten es zu gut gemeint. Es waren zu viele Wespen. Auch die Menschen in der Menge wurden gestochen. Sie schrien und rannten davon. Es war das reinste Chaos. Die Feier musste abgebrochen werden. Tajwar sagte: »*An diesem Tag lagen Hunderte von Führerbildern, Hemden und so weiter auf dem Boden. Und in dem Durcheinander sammelten wir fünfundzwanzig leichte Maschinenwaffen und Pistolen ein. Die Maschinengewehre wurden zu den Mudschahidin aufs Land gebracht, die Pistolen den Frauen übergeben, die in der militärischen Sektion der städtischen Widerstandsbewegung arbeiteten.*«

Als Bäuerin verkleidet, von Kopf bis Fuß verhüllt, pflegte sie unter dem Vorwand eines persönlichen Anliegens von einer Behörde zur nächsten zu gehen, um die Verbindungsleute des Widerstands aufzusuchen und Informationen auszutauschen. Sie hielt in ihrem eigenen Haus eine Versammlung von Widerstandskämpfern ab. Es waren achtzehn Männer, die sich dort einfanden, und man wählte sie zu der Person, die für die Frauengruppen im Widerstand verantwortlich war. Die Mudschahidin aus Pandschir unterstützten ihre Wahl.

Dann wurde ein Komitee gegründet, das den Familien der im Gefängnis sitzenden Widerstandskämpfer und Märtyrer helfen sollte. Man sammelte Geld, Lebensmittel und Kleider, und Tajwar erhielt den Auftrag, diese Sachen unter den bedürftigen Familien der Hauptstadt zu verteilen. So kam sie nach Kabul. Das war zu Beginn des Jahres 1980, als die Russen gerade das Land überfallen hatten. Sie wurde als Lehrerin in der Ghafoor-Nadim-Schule angestellt. In dieser Schule waren, wie sie sagte, 7000 Schüler (Jungen und Mädchen) und 300 Lehrer, davon 200 Frauen. Der Leiter der Schule und zwanzig Lehrerinnen waren Mitglieder der Khalqi-Partei. Der Rest war gegen das Regime eingestellt, viele arbeiteten auch aktiv im Widerstand mit. Alle waren jedoch bereit, an Demonstrationen teilzunehmen, nachts Briefe zu verteilen oder andere riskante Aufgaben zu übernehmen.

In Kabul übernahm sie eine aktive Rolle in der organisatorischen Arbeit der Untergrundbewegung. Sie war an der Vorbereitung des Aufstands gegen die Russen im März 1980 beteiligt. Eng verbunden mit den Widerstandsgruppen der Männer, organisierten sich die Frauen in drei Sektionen: 1. Aufspüren der Kollaborateure. 2. Überwachung von Verdächtigen und ihrer Verbindungen. 3. Einsatzgruppen. Besonders aktiv in solch einer Kampfgruppe war ein Mädchen namens Fndia; sie war hübsch, sah unschuldig aus und zeichnete sich darin aus, Russen zu entführen, die man dann hinrichtete; sie führte wenigstens fünfzehn erfolgreiche Operationen durch; alle Opfer waren Russen.

Tajwar selbst verteilte Flugblätter und Pamphlete gegen das Regime und versuchte, Verwaltungsbeamte davon abzuhalten, mit dem Regime zu kollaborieren. Eine Person wurde dreimal verwarnt, nach der dritten Warnung wurde ihr Fall der Einsatztruppe übergeben.

Gewöhnlich erhielten die Frauen ihre Informationen durch die Verbindungsleute in der Regierung und gaben sie an die Widerstandsgruppen in den Städten weiter, die sie den Kommandeuren auf dem Land zukommen ließen. Die Mehrzahl der Russen und feindlichen Agenten, die verschwanden oder umgebracht wurden, ging auf das Konto

166

der Frauen. Sie waren auch für einen Großteil der Bombenanschläge verantwortlich.

Aber sie erlitten auch schwere Verluste. Hunderte von Frauen und Mädchen wurden verhaftet, gefoltert und hingerichtet. Tajwar verbrachte ein Vierteljahr im Gefängnis (1983) und wurde entsetzlich gefoltert (über ihre Erfahrung als Gefangene berichten wir in unserer Serie »In den Gefängnissen von Kabul«).

Sie hat uns die Informationen über Widerstandskämpferinnen in den Provinzstädten bestätigt. Abgesehen von den Frauen in Kunduz im Norden, die sie selbst organisiert hat, gibt es in Herat und Kandahar im Westen starke weibliche Widerstandsbewegungen. In Herat ist die Widerstandskämpferin und Kommandeurin Razia überall bekannt. Ihr Vater war ein Freiheitskämpfer und wurde getötet. Dann nahm ihr Bruder seine Stelle als Kommandeur ein und wurde ebenfalls umgebracht. Razia setzte die Arbeit ihres Bruders fort und gründete 1983 eine unabhängige Gruppe kämpfender Frauen; sie bekamen Waffen und führten sogar auf dem Land Operationen durch.

In Kandahar sind die Frauen seit 1981 zunehmend am Widerstand beteiligt. Die alten Frauen kümmern sich um die Kinder und den Haushalt, die jungen unterstützen die Mudschahidin. Sie tragen unter ihren Schleiern Waffen, Munition und Nachrichten; die Hübschen bezirzen die Russen oder einheimische Agenten und führen sie in ein Haus, wo sie von den Mudschahidin empfangen werden.

*

Afghanisches Informationszentrum
Monatliches Bulletin
Nr. 58, Januar 1986

Das Leben in afghanischen Gefängnissen
Interview mit Tajwar Sultan – Teil II

Mrs. Tajwar Kakar, im Widerstand als Tajwar Sultan bekannt, sprach auch über ihr Leben im Gefängnis, als sie ihre Erfahrungen als Untergrundkämpferin schilderte (Bulletin, Nr. 57, Dezember 1985). Dies ist der zweite Teil ihres Interviews.

Sie wurde zum ersten Mal am 26. Dezember 1982 verhaftet.

»Als einige Mitglieder meiner Widerstandszelle verhaftet wurden, fiel auch mein Name. Die KHAD-Agenten beobachteten mich genau und folgten mir überall hin.«

Neben anderen Aktivitäten organisierte Mrs. Kakar eine Demonstration für den 27. Dezember (den Jahrestag der sowjetischen Invasion). Am 26. Dezember, um 11 Uhr vormittags, hielten zwei Jeeps mit bewaffneten Männer vor ihrer Tür, zwei Frauen betraten das Haus und befahlen ihr, ohne zu sagen, wohin und warum, mitzukommen. Zum Glück hatte sie vorher ihrer sechzehnjährigen Tochter Fauzia und ihrem zwölfjährigen Sohn Temor eingeschärft, im Falle ihrer Verhaftung alle Dokumente aus dem Haus zu schaffen und ihren Genossen Bescheid zu sagen, dass sie sich fern halten sollten. So waren alle Dokumente schon an einem sicheren Ort verwahrt, als man ihr Haus durchsuchte. Zuerst wurde sie zum Hauptquartier des KHAD in Shishdarak gebracht. Man führte sie in das Zimmer Nummer 11 im oberen Stockwerk des Gebäudes. Der Raum war leer, kalt und feucht. Sie nahmen ihr Mantel und Pullover ab. Um elf Uhr abends wurde sie in einen großen

Raum im Keller geführt. In verschiedenen Ecken saßen drei Gruppen von Leuten, darunter auch ein russischer Berater. Mrs. Kakar musste auf einem Metallstuhl Platz nehmen, an dem sich Vorrichtungen befanden, um Hände und Füße zu fesseln. Zuerst wurden ihre Hände und Füße an dem Stuhl festgebunden, dann fingen sie mit der Befragung an. Verschiedene Leute befragten sie nach ihrer Identität, ihrem Wohnort in Kunduz und ihren nahen Angehörigen. Dann stellten sie eine Kiste mit Geld vor sie hin und versprachen, dass ihre Kinder im Ausland zur Schule gehen dürften, sie das Geld erhalten und freigelassen würde, wenn sie kooperierte. Der russische Berater, der Paschtu sprach, sagte, dass es genügen würde, wenn sie nur den Namen einer Person nannte, die mit ihr in Verbindung stand.

Mrs. Kakar erzählte uns:

»Ich wurde ärgerlich und erwiderte, dass er ein Fremder sei und kein Recht habe, mich zu fragen, was ich in meinem eigenen Land mache. Die Männer wurden wütend und griffen mich an. Sie schlugen mir mit der Faust auf den Mund und traten mich mit Stiefeln. Einige packten mich an den Haaren und rissen meinen Kopf hin und her. Das Blut lief mir aus Mund, Ohren und Nase. Einer nahm eine Pistole und hielt sie mir an die Schläfe: Ich zähle von eins bis fünfzig; wenn du bis dann nicht geantwortet hast, werde ich dich erschießen. Er fing an zu zählen, die anderen stellten ihre Fragen. Wer sind die Anführer eurer Bande? Ich nannte ihnen die Namen der berühmten Kommandeure: Taraki und Amin. Sofort stürzte einer auf mich zu und schlug mich mit einem elektrischen Stock. Jeder Hieb verursachte einen elektrischen Schlag und schreckliche Schmerzen. Ich war für eine Weile bewusstlos. Als ich wieder erwachte, fragte man mich, was für eine Aktion ich für den 27. Dezember geplant hätte. Da sie keine Beweise hatten, schwieg ich. Sie schlugen und befragten mich die ganze Nacht lang. Am Morgen gruben sie mich bis zum Hals im Schnee ein. Zuerst war mir schrecklich kalt, doch nach einer Weile fühlte ich mich taub und spürte den Schmerz nicht mehr. Abends brachte man mich wieder in ein Zimmer und gab mir ein Stück Brot. Vor meiner Verhaftung hatte man mir erzählt, dass man weniger unter der Folter litt, wenn man Hunger hatte. Deswegen aß ich nur sehr wenig. Das Verhör dauerte sieben Tage. Während dieser Zeit hielten sie mich wach, indem sie meine Augen einem starken Licht aussetzten. In der vierten Nacht der Befragung im Kellergeschoss holten sie ein besonderes Gerät, an dem spitze Nadeln befestigt waren. Sie stießen die Nadeln unter meine Fingernägel und drückten auf einen Knopf. Ich erhielt einen starken Elektroschock, und die Nägel lösten sich ab [die verstümmelten Nägel sind jetzt noch an Mrs. Kakars Händen zu erkennen]. Am siebten Tag, als sie immer noch kein Geständnis hatten, drohten sie, meinen Mann und meine Kinder vor meinen Augen zu foltern.«

Von dort wurde sie nach Sedarat gebracht (ins Ministerium des Premierministers) und in einen Raum gesperrt. Eines Nachts gab man ihr ein paar Schmerztabletten. Sie war misstrauisch und versteckte die Pillen. Zwei Frauen, von denen die eine behauptete, Mitglied von Hezb-i-Islami zu sein, und die andere sich als Mitglied von Dschamiat vorstellte, kamen in ihr Zimmer. Sie traute ihnen nicht und glaubte nicht, was sie sagten. Mrs. Kakar gab die Pille einer der Frauen, die über Kopfschmerzen klagte. Sie nahm sie ein, wurde nach einer Weile entspannt und fröhlich und gab ihre wahre Identität als KHAD-Agentin preis, indem sie ein kleines Tonbandgerät enthüllte, das sie unter ihrer Bluse trug. Nach einem Monat der Verhöre wurde Tajwar in einen gewöhnlichen Raum verlegt. Den Ermittlern und

Folterern, darunter auch Russen, war es nicht gelungen, sie zu einem Geständnis zu bewegen oder ihre Beteiligung an den Aktionen des Widerstands zu beweisen. In Sedarat begegnete Tajwar zwei älteren Frauen: einer Siebzigjährigen aus Pandschir, die verhaftet worden war, weil sie Munition in einem Korb mit Weintrauben versteckt hatte, und einer Sechzigjährigen aus Baglan. In diesem Gefängnis saß auch eine ganze Familie. Die Männer wurden in einem separaten Teil festgehalten, die Frauen und Kinder mit Tajwar und anderen weiblichen Gefangenen zusammengesperrt. Die Familie hatte versucht, aus Ostdeutschland in den Westen zu fliehen, war aber an der Grenze verhaftet und an das Kabuler Regime ausgeliefert worden. Später wurden die kleineren Kinder in den Watan-Kindergarten (ein russisches Ausbildungszentrum) geschickt. Dort hielt sich auch eine ältere Frau auf, die unter Druck gesetzt wurde, ihre Stimme auf Tonband aufnehmen zu lassen und ihre zwei Söhne aufzufordern, aus dem Exil in Deutschland zurückzukehren. Die zwei jungen Männer standen auf einer Liste und wären bei ihrer Ankunft hingerichtet worden. Deshalb weigerte sich die Mutter, die das wusste, dem Befehl nachzukommen.

Mrs. Kakar berichtete weiterhin, dass sie nach einem Monat physischer Folter einer psychischen ausgesetzt wurde. Einmal zeigten sie ihr einen Brief, in dem stand, dass sich ihr Mann von ihr scheiden lassen wollte, weil sie im Gefängnis saß und ihren Ruf als anständige Frau verloren habe. Ein andermal erzählten sie ihr, dass ihre Tochter Fauzia bei einem Autounfall gestorben sei.

Sie sagte dazu:

»Eines Tages führte man mich in ein großes Zimmer. Sie deuteten auf einen Vorhang und sagten, dass dahinter meine sechzehnjährige Tochter Fauzia liegen würde. Sie gaben mir ein Blatt Papier, auf dem ich mein Geständnis

aufschreiben sollte. Dann hörte ich das Geräusch von Schlägen, dazwischen Schreie und Brüllen. Mein Körper versteifte sich, ich hatte das Gefühl, in Ohnmacht zu fallen. Mir war so, als würde ich in einer dunklen Höhle versinken, wo ich entfernte Laute hörte. Ich fror, zitterte und war verwirrt. Diese Art von Folter dauerte eine Woche. Ich suchte unter den Gefangenen nach Fauzia. Nach einem Monat erblickte ich ein junges Mädchen und rannte zu ihr. Es war nicht meine Tochter. Ihre Nägel waren schwarz und zerbrochen. Sie litt an den Folgen eines Nervenzusammenbruchs.«

Nach einem Jahr Haft wurde Mrs. Kakar entlassen, weil sie weder Informationen noch ein Geständnis von ihr bekommen hatten. Sie kehrte am 3. März 1983 nach Haus zurück und bekam eine Anstellung als Lehrerin in der Qala-i-Shada-Grundschule. Sie ging nach Kunduz zurück. Dort nahm sie Kontakt mit einigen Kommandeuren von Dschamiat-i-Islami (Prof. Rabbani) auf. Sie setzte ihre Arbeit im Widerstand bis zum April 1984 fort, als Farouq Miakhel, der alles über sie wusste, in Kunduz zum KHAD-Offizier ernannt wurde. Mithilfe von Freunden aus dem Widerstand flüchtete sie nach Kabul und von dort aus nach Ghazni. Die Mudschahidin halfen ihr, über die Grenze zu den Afghanen im Exil zu kommen.

VIERTER TEIL

Das Gewissen der westlichen Welt

Bei meiner Rückkehr aus Pakistan hatte ich das Gefühl, eine plötzliche Stille habe sich ausgebreitet. In Peschawar war ich die ganze Zeit über auf Afghanen getroffen, Flüchtlinge und Kämpfer, die mich in ihrer schrecklichen Not indirekt und manchmal auch sehr direkt um Hilfe anflehten. Wenn ich es über mich gebracht hätte zu sagen: »Jeden Tag sehen wir im Westen im Fernsehen Bilder von Katastrophen, Not und Elend, nicht nur in Afghanistan, sondern überall auf der Welt«, hätte man mir sicher geantwortet: »Ja, aber wir kämpfen auch für euch gegen einen gemeinsamen Feind.« Sie können einfach nicht begreifen, warum wir ihnen nicht helfen, und sind immer wieder von unserer mangelnden Weitsicht überrascht. Sie sind vorwurfsvoll, fassungslos, erstaunt und stumm vor verletztem Stolz. Einige von ihnen hat der Druck, ihre Familien zu ernähren, zum Betteln gebracht, aber nicht viele, denn die Afghanen sind ein stolzes Volk. Andere stellen Forderungen, weil sie das Gefühl haben, dass ihnen Hilfe zusteht. Sie machen dir Vorhaltungen. Sie streiten sich mit dir.

Und dann, plötzlich, die Gleichgültigkeit des Westens – das Schweigen. Selbst wenn man es erwartet hatte, war es ein Schock. Schmerzhaft.

In *The Times* vom 22. November stand in einer kurzen Meldung, dass 60 000 Afghanen nach Pakistan flohen, weil die Russen ihre Ernten vernichtet haben (sie verbrennen sie auf den Feldern). Da Pakistan keine Flüchtlinge mehr registrieren lässt, damit sie Essen und Hilfe bekommen, werden viele dieser 60 000 Menschen zugrunde gehen. Viele aus den früheren Flüchtlingsströmen sind gestorben – und sterben noch jetzt. Diese Meldung stand auf einer Innenseite. Informationen über Afghanistan werden immer in den Teil der Zeitung verbannt, der für zweitrangige und unwichtige Nachrichten reserviert ist.

Es ist schon viel, dass überhaupt darüber berichtet wird. Als ich vor zwei Jahren in Toronto war, bat mich das *Wall Street Journal* um ein Interview. Die junge Frau, die man mir schickte, sagte, dass ich über das sprechen sollte, was mich interessierte. Von dieser neuen journalistischen Einstellung beeindruckt, sagte ich, dass ich gern über Afghanistan reden würde, das Land, das seit fünf Jahren ohne oder mit geringer Hilfe von außen gegen die Russen kämpfte. Ihr Gesichtsausdruck zeigte, dass sie daran wenig Interesse hatte. Ich betonte, dass es ohne Beispiel in der Geschichte sei, dass ein praktisch unbewaffnetes Volk seit fünf Jahren gegen eine Supermacht kämpfte, während die Welt tatenlos und gleichgültig zusah. Sie murmelte sofort »Vietnam«, wie ich erwartet hatte. Ich wandte ein, dass die Vietnamesen bewaffnet und ausgerüstet gewesen seien, und sagte, dass die Russen eine Million afghanischer Flüchtlinge ermordet hätten. Fünf Millionen Afghanen lebten im Exil – im Vergleich wäre das so, als ob ein Drittel der Bevölkerung der USA vor einem Aggressor nach Kanada geflohen wäre. Darauf erwiderte sie, dass man das alles kaum glauben könne. Das Interview verlief dann weiter in den üblichen Bahnen. Als es erschien, wurde Afghanistan mit keinem Wort erwähnt. Seit dieser Zeit hat sich das *Wall Street Journal* »große Verdienste«, wie man bei uns sagt, um Afghanistan erworben. Aber jeder, der mit den

Medien zu tun hat, weiß, dass es dort eine Mauer der Gleichgültigkeit gibt, sowohl in Großbritannien als auch den Vereinigten Staaten, die so stark und irrational ist, dass man sich langsam fragen muss, warum.

Auf der Welt gibt es »ungefähr« zehn Millionen Flüchtlinge, die Hälfte davon sind Afghanen. Doch in den Schlagzeilen liest man nie etwas über die afghanischen Flüchtlinge, stattdessen aber oft: »Soundso viele Tausend Flüchtlinge in Sudan/Äthiopien.«

Was bestimmt den Nachrichtenwert einer Katastrophe? Warum hat man das schreckliche Schicksal Afghanistans nie zur Kenntnis genommen? Eine Antwort auf diese Fragen, so scheint mir, würde eine Menge der Einstellungen und Vorurteile erklären, die unsere Medien beherrschen.

Die Artikel, die ich über die Flüchtlingslager in Pakistan und über das, was mir die afghanischen Kämpfer erzählten, geschrieben habe, wurden von allen amerikanischen und europäischen Zeitungen abgelehnt, an die sie geschickt wurden. Von der *Washington Post*. Der *Time*. Von der *Newsweek*. Und dem *New Yorker*. Und die Magazinredaktion der *New York Times* wollte etwas »Persönlicheres«.

Ich nehme mir die Freiheit zu glauben, dass diese Artikel gedruckt worden wären, wenn sie ein Thema gehabt hätten, das nicht dieser mysteriösen Unterdrückung dieser allgemeinen Verordnung unterliegt.

Kurz nachdem ich aus Pakistan zurückkehrt war, wurde im Fernsehen eine Sendung aus der »Everyman«-Reihe gezeigt. Sie stellte die Mudschahidin als verrückte, rauschgiftsüchtige Fanatiker dar, die von ihrem Paradies voll schöner Mädchen und hübscher Knaben stammeln (was in der Presse Anlass zu lustigen Witzen über die homosexuellen Krieger Afghanistans gab). Viel Wind wurde darum gemacht, dass sie einen Mann, der als Spion verdächtigt wurde, grausam behandelt hatten. Die Mudschahidin haben sich nie anders als Guerillakämpfer dargestellt, die mit allen Mitteln kämpfen, um ihr Land zu befreien. Im Unterschied zu den Russen erzählen sie keine Lügen darüber, wie sie kämpfen. Diese Sendung machte auf die unterschiedlichsten Zuschauer einen denkbar schlechten Eindruck. »Wenn die Afghanen so sind«, sagten sie, »dann ist es ganz gut, dass sich die Russen ihrer angenommen haben.« Das ist genau die Reaktion, die die Afghanen als Symptom unserer unverändert imperialistischen Haltung charakterisierten: Da wir heute keine rückständigen Völker mehr »zivilisieren« können, nehmen wir stellvertretend am russischen Imperialismus teil. Ich bat meinen Agenten, Mr. Jonathan Clowes, herauszufinden, ob der betreffende Fernsehsender mir gestatten würde, meine Sicht der Dinge darzustellen: Ich sei soeben aus Pakistan zurückgekommen und hätte den Eindruck, dass die Sendung voreingenommen, um nicht zu sagen beleidigend sei. Der Sender und zwei andere sagten: »Nein, Afghanistan ist einfach langweilig.« »Niemand interessiert sich für Afghanistan.« Das verdeutlichte die Art und Weise, wie sich die Medien hinter der Haltung verschanzen, die sie selbst kreieren. Betrachte ein Thema als langweilig, schiebe es immer auf die Innenseiten und sage dann, dass sich niemand dafür interessiert. Das vierte Programm erklärte, dass sie ein Interview mit mir senden würden, unter der Voraussetzung, dass ich Afghanistan nur als Sprungbrett für interessantere Themen betrachten könnte: vermutlich für die überraschend neue Erkenntnis, dass ich gegen die Apartheid bin und (wie jeder andere) die Situation in Südafrika bedaure.

Die »Everyman«-Sendung hätte, wenn sie ihrer Aufgabe, die Menschen zu informieren, nachgekommen wäre, den Zuschauern, die nichts über die Situation in Afghanistan wissen – zum Teil, weil man es ihnen nicht gesagt hat, zum Teil aufgrund einer psychologischen Abwehr, die durch die Haltung der Medien verstärkt wurde –, vermitteln müssen, dass es in Pakistan sieben politische Parteien gibt, die alle behaupten, Afghanistan zu repräsentieren, alle unterschiedliche Auffassungen haben und sich alle auf den Islam berufen. Sie alle lassen Filmemacher und Fotografen ins Land. In Peschawar kommt es darauf an, eine Gruppe zu finden, die einem vertraut. »Everyman« suchte sich eine extreme Gruppe aus – oder wurde von ihr ausgesucht –, und damit muss eigentlich nicht gesagt werden, dass sie einen anderen Film gemacht hätten, wenn sie mit einer anderen Gruppe unterwegs gewesen wären.

Die Mudschahidin machen sich nicht solche Mühe, gehen nicht solche Risiken ein, um westlichen Zuschauern eine halbe Stunde exotische Erfahrung zu ermöglichen. Sie tun es, weil sie Hilfe brauchen, und sie glauben, die armen Kerle, dass wir im Westen helfen würden, wenn wir wüssten, was sie durchmachen müssen. Warum wurde ihre Not nicht erwähnt? Dass sie am Verhungern sind? Dass die Russen die Ernten und die Bewässerungssysteme zerstören? Dass sie warme Kleidung und Lebensmittel brauchen, und zwar dringend?

Wie viele von den Mudschahidin, wie viele der Menschen, die vor den Russen fliehen, wie viele von denen, die immer noch im Land leben, werden in diesem Winter und Frühjahr sterben? Wahrscheinlich werde ich auf den hinteren Seiten der *Times*, des *Independent* oder des *Guardian* lesen können: »Schätzungsweise Hunderte oder Tausende Afghanen sind in diesem Winter und Frühling verhungert.« Während mir auf der ersten Seite Schlagzeilen über die Hungersnot in Afrika ins Auge springen.

Es ist schwer feststellbar, wie viele Menschen in Afrika an Hunger sterben. Weil mich der Appell des jungen, engagierten Bob Geldof an die Welt: »In Afrika verhungern zweiundzwanzig Millionen Menschen« beeindruckt hatte, versuchte ich die wirklichen Zahlen herauszufinden. Peter Gills Buch *A Year in the Death of Africa* zufolge starben 1984–85 mit Sicherheit 200 000 Menschen den Hungertod. Nach Meinung von Experten in den ausländischen Hilfsorganisationen »könnte« sich die Gesamtzahl auf eine Million belaufen.

Warum verdienen diese 200 000 oder die eine Million Afrikaner so viel mehr Schlagzeilen als die entsprechende Anzahl Afghanen?

Das liegt daran, dass wir aus dem einen oder anderen Grund sensibler reagieren, wenn es Afrika betrifft.

Vor einem Monat sagte eine Frau zu einem Freund, der in Kent Spenden für Afghan Relief sammelte: »Wir müssen uns erst einmal um Menschen in Not kümmern, die in der näheren Umgebung leben.« Auf die Frage, ob sie etwas für die Hungerhilfe für Äthiopien gegeben habe, sagte sie: »Natürlich.«

Es gibt ein paar klassische Antworten auf die Situation in Afghanistan. Doch es war entmutigend zu erleben, wie klein das Spektrum der Antworten war, die wie aus einem Automaten kamen.

»Afghanistan ist das Vietnam der Sowjetunion.« Nun, genauer betrachtet, ist das nicht richtig, außer dass in beiden Fällen »unterentwickelte« oder, wenn man so will, »Dritte-Welt«-Völker große Weltmächte bekämpften. Zum einen hatten die Vietnamesen Waffen aller Arten, Ausbildung, Hilfe. Zum anderen wurde der Krieg im Licht der Öffentlichkeit geführt, es war ein vom Fernsehen begleiteter Krieg. Wir konnten auf den Bildschirmen verfolgen, wie er sich entwickelte, Abend für Abend.

»Haben Sie gewusst, dass die Russen Menschen zusammengebunden, bei lebendigem Leib mit Benzin übergossen und angezündet haben?«, fragte ich.

180

Die schlaue Antwort lautete: »Wie die Amerikaner in Vietnam.«

»Nein, nicht unbedingt. Die haben das nicht getan.«

»Sie haben Napalm eingesetzt, das kommt auf das Gleiche hinaus.«

»Tja, dann ist das wohl in Ordnung, oder?«, hätte man daraufhin fast sagen können.

Eine Schwester im Krankenhaus, die wissen wollte, wo ich gewesen war, meinte: »Wo liegt *das* denn?«

Von einer anderen, einer Irin, der ich erzählte, dass die Hälfte aller Flüchtlinge auf der Welt Afghanen sind, hörte ich: »Das Problem mit diesen Leuten ist, dass sie so viele Kinder haben.«

Im Radio sagte ein Journalist, der einen fundamentalistischen Guerillaführer interviewt hatte und mit bestimmten Ansichten nicht einverstanden war: »Warum unterstützen wir solche Leute?« Dann, mit leicht humorvoller Stimme: »Vermutlich, um den Russen eins auszuwischen.«

Der Tonfall, in dem die Leute über Afghanistan diskutieren, enthüllt so manches. Üblich ist eine leicht amüsierte Redeweise: diejenige, die, bewusst oder unbewusst, in den Medien benutzt wird, um den Zuhörern oder Zuschauern anzudeuten, dass das Ganze nicht so ernst zu nehmen ist.

Und wieder im Radio: Der Flüchtlingsbeauftragte der Vereinten Nationen bat um vierzig Millionen Pfund, weil sich die Situation der Flüchtlinge überall verschlechterte. Zwei Beispiele wurden genannt. Das zweite war, dass in Pakistan gewisse Arbeitsprogramme für afghanische Flüchtlinge gekürzt wurden. Der Kommentator hatte es eilig, zu etwas Interessanterem zu kommen, und plauderte in einem leichten, beiläufigen Ton dahin… man hätte nie vermutet, dass es um Menschen ging, die ohne diese Arbeitsprogramme verloren waren.

Als ich Pakistan verließ, machten die Russen viel Wirbel

um ihren teilweisen Truppenabzug. Jedermann in Pakistan, alle Afghanen wussten, dass das ein weiterer schlauer Propagandafeldzug war und dass der Westen darauf hereinfallen würde. Während sich die Experten einig waren, dass der Abzug dieser Truppen vor allem das Bild der Russen in der Weltöffentlichkeit verbessern sollte und nicht von grundlegender Bedeutung war, schienen die Menschen, die ich traf, von diesem Schachzug ganz begeistert zu sein. »Aber sie ziehen doch ihre Truppen zurück, oder?«

Ein anderer russischer Trick, den der Westen bereitwillig akzeptierte, war, gefangene Mudschahidin aufmarschieren zu lassen, die allesamt beteuern mussten, wie froh sie seien, sich zu ergeben, und dass sich ihre Kameraden ebenfalls gern ergeben würden; dieselben Kämpfer wurden immer wieder vorgeführt. Das erinnerte mich an einen Schaffarmer aus Dartmoor, der uns Londoner mit seinen Schilderungen amüsierte, wie er dieselben Schafe – für die es pro Kopf eine Regierungsbeihilfe gab – immer wieder, drei- oder viermal, an den Beamten vorbeitrieb, die zu ihm kamen, um seine Tiere zu zählen. »Die dummen Kerle haben es nie gemerkt.«

Gegenwärtig behauptet Gorbatschow, dass er den Krieg in Afghanistan bald beenden will. Das erscheint immer wieder in den Schlagzeilen der Zeitungen. Die Menschen lesen EIN BALDIGES ENDE DES KRIEGS IN AFGHANISTAN – und sagen: »Aber Gorbatschow will den Krieg doch beenden!« In Wirklichkeit hat sich überhaupt nichts verändert. Gorbatschow will, dass die Hilfe für die Guerillas, so wie sie jetzt gewährt wird, eingestellt wird, bevor er seine Truppen zurückzieht. Er weiß, im Gegensatz zu den Lesern des *Guardian, Independent* und so weiter, dass die Krieger, die Mudschahidin, nicht aufhören werden zu kämpfen, nur weil er so ein fadenscheiniges Versprechen abgegeben hat. Sie werden nicht aufhören zu kämpfen, auch wenn das dünne Rinnsal der Hilfe versiegt; sie werden weiter Waffen von den

182

Russen erbeuten, wie sie es von Anfang an getan haben. Hier wiederholt sich das Ende des Kriegs im alten Südrhodesien, wo endlose Gespräche an langen Konferenztischen stattfanden, zu denen die Leute, die wirklich kämpften, die Guerillas, nicht eingeladen wurden. Dabei gäbe es heute keine Konferenzen und Diskussionen über den Krieg in Afghanistan, wenn die Mudschahidin nicht weitergekämpft hätten, jahrein, jahraus, trotz der unaufhörlichen Beteuerungen westlicher Journalisten, dass sie geschlagen seien.

Die Behauptung Gorbatschows, »Der Krieg in Afghanistan wird bald zu Ende gehen«, ist nichts anderes als ein schlauer Propagandatrick.

In den Berichten über die Verhandlungen um ein Ende des Kriegs in Afghanistan lässt sich ein neuer Ton vernehmen. Die Ablehnung des islamischen Fundamentalismus sei ein Grund, warum die Sowjetunion den Krieg nicht beenden könne. Aber sie lehnen den Fundamentalismus nicht grundsätzlich ab. Sie arbeiten sehr eng mit Khomeinis Iran zusammen, liefern Waffen, Experten und Berater, Technologie und Maschinen. Ich habe gehört, wie hochgestellte Afghanen den Iran als Satelliten der Sowjetunion bezeichneten. Aber die Russen wissen, dass *wir* den islamischen Fundamentalismus ablehnen und fürchten. Sie nutzen diese Abneigung, diese Furcht geschickt aus.

Warum fallen wir immer wieder darauf herein?

Der Grund liegt tief in unserer Psyche verborgen, ist in den Einstellungen zu finden, die für selbstverständlich erachtet und nicht hinterfragt werden. Am wenigsten von denen, die sie am stärksten vertreten.

Wir haben eine Abneigung, die Sowjetunion zu kritisieren. Nach allem, was passiert ist, all den Informationen, die wir über dieses Land haben, herrscht immer noch eine psychologische Hemmung vor, die von den Russen geschickt ausgebeutet wird.

Es ist fast unmöglich, dieses Thema anzuschneiden, ohne als »Reaktionär« gebrandmarkt zu werden: Unsere Antworten sind so gegensätzlich geworden, dass ich fast an dem Versuch einer Stellungnahme verzweifeln könnte. Es gibt ein Netz oder ein Spektrum von Haltungen, das an einem Ende durch das Gerichtsverfahren beleuchtet wird, das augenblicklich in Australien stattfindet und klären wird, in welchem Maß wir, die Bürger, darüber aufgeklärt werden sollten, wie viele sowjetische Agenten es in diesem Land in hohen Positionen gegeben hat – wie viel Verrat verübt wurde, um einen seltsam altmodischen Ausdruck zu benutzen. Am anderen Ende des Spektrums befindet sich genau diese Weigerung, die Sowjetunion zu kritisieren, diese Bereitschaft, alles zu entschuldigen. Wenn also die Sowjetunion in Tschernobyl Radioaktivität freisetzt, die ihre eigenen Gewässer und ihre eigene Erde verseucht und den Tod von wer weiß wie vielen Menschen verursachen wird, die die Ernten und den Boden in ganz Europa vergiftet, mit nach wie vor unbekannten langfristigen Auswirkungen – dann lesen und hören wir, wie Tschernobyl und Three Mile Island gleichgesetzt werden – Three Mile Island, das niemand umgebracht und weder die Erde noch Lebensmittel und Tiere vergiftet hat. Und wenn die Sowjetunion ein Verkehrsflugzeug abschießt und alle Menschen an Bord dabei getötet werden, dann wird das umgehend in irgendeiner Weise den USA in die Schuhe geschoben, und schon bald hat sich der Vorfall so in den Köpfen der Menschen festgesetzt, als seien die USA und die Sowjetunion gleichermaßen schuld. Und selbst wenn sich herausstellt, dass Amerika wirklich keine Schuld trägt, macht das auch keinen Unterschied, weil man das Bedürfnis hat, dass es eben anders ist.

Die Politik der Vereinigten Staaten in Nicaragua wird (meiner Meinung nach zu Unrecht) laut und unaufhörlich kritisiert und wüst beschimpft, während die Politik der Sowjetunion in Afghanistan entschuldigt und beschönigt wird.

Diese Einstellungen sind ein interessanter Fall für den Psychologen und den Historiker.

Wie konnte es geschehen, fragen sie sich, dass das brutalste, zynischste Regime seiner Zeit von Menschen so bewundert und verklärt wurde, die sich als Humanisten und Demokraten verstehen – und zwar noch lange Zeit, nachdem sein wahres Wesen überdeutlich geworden war?

Vielleicht gibt es Hinweise, Annahmen, mit denen wir uns näher befassen können.

Zum Beispiel: Vor kurzem sagte ein Russe im Fernsehen, dass die Bemerkung eines Kritikers, das sowjetische Regime habe zehnmal so viele Menschen umgebracht wie Hitler, aus einer Sendung gestrichen worden sei, »weil das die Gefühle der Russen verletzt hätte«. Was Menschen aus meiner Generation daran denken lässt, wie eine gewisse russische Parteigenossin nach Chruschtschows Rede zum Zwanzigsten Parteitag neckisch sagte: »Er hätte sie nie halten sollen, weil sie für uns wirklich nicht erfreulich war, oder?«

Nun ja, sie war auch für diejenigen nicht sehr erfreulich, die, wie lang auch immer, an den sowjetischen »Traum« geglaubt hatten.

Der so viele ermordet hat... wie viele bloß?

Oh, diese Schätzungen! »Es wird geschätzt, dass...«

Waren es *sieben Millionen* oder *neun Millionen*, die während der Zwangskollektivierung der Bauern in der Sowjetunion ermordet wurden? Von Stalin. Immer sagt man »Stalin ermordete...«, als ob er es allein und eigenhändig gemacht hätte. Aber es geschah, weil Hunderte, ja Tausende von treu ergebenen Parteimitgliedern bedenkenlos mitmachten.

Offenbar waren es nicht *zwanzig Millionen* russische Soldaten, die im letzten Krieg umgekommen sind, sondern *acht Millionen* – wie Stalin selbst gesagt hat. Die *zwanzig Millionen,* die heute genannt werden (auch vom Westen, der den Russen darin folgt), schließen all diejenigen ein, die von Stalin im Gulag ermordet worden sind (durch die hingebungsvolle und wirksame Mitarbeit der Parteimitglieder).

Doch sogar diese Zahlen sind zweifelhaft – nicht die *acht Millionen*, die im Krieg gestorben sind (wenn man Stalin Glauben schenken kann), aber die *zwölf Millionen,* die umgebracht wurden. Nach Viktor Suworow (das Pseudonym eines sowjetischen Offiziers, der zum Feind übergelaufen ist) hätte die Bevölkerungszahl im Jahr 1959 eigentlich 315 Millionen betragen sollen, aber die Volkszählung wies nur 209 Millionen aus. Wo, fragt er, sind die fehlenden hundert Millionen geblieben? (Man schätzt, dass Hitler zwanzig Millionen umgebracht haben soll.)

Was sind in unserer Zeit zwanzig Millionen? Oder sogar einhundert Millionen?

Als ich las, dass in China während des »Großen Sprungs nach vorn« zwischen zwanzig und vierzig Millionen gestorben sind, hielt ich das für den Gipfel statistischer Leichtfertigkeit, bis ich kurze Zeit später auf die Nachricht stieß, dass »während der Kulturrevolution zwischen zwanzig und achtzig Millionen umgebracht wurden«. (Beide Kampagnen wurden natürlich von bewährten und ergebenen Genossen durchgeführt.) Dieser unbekümmerte Umgang mit dem Tod von Millionen von Chinesen ist wahrscheinlich den Chinesen selbst zuzuschreiben. Mao Tse-tung rief in Peking vor einer Menschenmenge von rund einer Million aus, dass es kein Problem sei, wenn der Westen Atomwaffen auf sein Volk werfen und die halbe Bevölkerung umbringen würde, weil dann immer noch genügend Chinesen übrig blieben. Die Menge, erzählte mir ein Freund, der dabei war, habe Beifall gebrüllt.

Statistiken sind nicht nur aufgrund der Eitelkeit der Mörder oder der Vorliebe der Statistiker für glatte Zahlen mit Vorsicht zu genießen. Als ich der Frau vom *Wall Street Journal* sagte, dass es in Pakistan zweieinhalb Millionen Flüchtlinge gäbe, rundete ich die Zahl nach unten ab, weil sie so unvorstellbar war; in Wirklichkeit waren es wohl schon dreieinhalb Millionen.

Auf unserer Reise hörten wir unterschiedliche Schätzungen, die von dreieinhalb bis zu viereinhalb Millionen Flüchtlingen in Pakistan reichten und von einer halben bis zwei Millionen im Iran. Der große Unterschied zwischen den Zahlen im Iran scheint mir auf mehr als Gleichgültigkeit zu verweisen, vielleicht auf den Versuch einer Vertuschung.

Unter den Flüchtlingen aus Afghanistan stellen wir uns immer die Leute in den Lagern vor. Aber darüber hinaus gibt es noch Hunderttausende, die im Exil in London, Paris, Kanada, den USA und Australien leben. Das sind meistens Menschen aus der Mittelklasse: die gebildeten Schichten der Bevölkerung, die nicht ermordet wurden, die nicht mehr in den Gefängnissen in Afghanistan sitzen. Diese Flüchtlinge werden nie erwähnt.

In einer Welt, in der es als normal betrachtet wird, dass »zwischen zwanzig und achtzig Millionen Menschen umgebracht wurden«, sind fünf Millionen afghanische Flüchtlinge wahrscheinlich kaum der Erwähnung wert. Und die Million afghanischer Zivilisten, die von den Russen ermordet wurde? Diese Zahl, schätzt man, ist heute noch viel größer – und nimmt jeden Tag zu.

Die Menschen, die von den Roten Khmer ermordet wurden, zwei Millionen der Gesamtbevölkerung, waren ebenfalls nicht erwähnenswert. Damals demonstrierte niemand für sie; die Menschenfreunde protestierten nicht und sammelten keine Unterschriften. Denn schließlich wurden sie von einem kommunistischen Diktator umgebracht (mit der energischen Unterstützung der jungen Genossen), also beschönigte man automatisch: ziemlich unangenehm, die ganze Sache, muss man sagen.

Wir haben uns daran gewöhnt, das Deutschland unter Hitler, das es dreizehn Jahre gab, eine sehr kurze Zeit, als das archetypische Böse zu betrachten, wir haben es akzeptiert, dass man uns einseitig beeinflusst hat.

Mehrere Male in der Woche lesen oder hören wir Aussagen wie diese: »Der und der ist der schlimmste Schlächter seit Hitler.« Dieses Denkmuster übersieht Stalin, Mao Tse-tung, Pol Pot und die Invasoren Afghanistans.

In der Vergangenheit ist es wahrscheinlich oft vorgekommen, dass ein entsetzliches Unrecht zum Symbol oder zur Kurzform für andere, geringere oder größere Gräueltaten geworden ist, die dadurch verdrängt wurden. Wir scheinen auf diese Art zu denken. Das können wir daran erkennen, wie sich unsere Haltung zu dem Mord an sechs Millionen Juden verändert hat. Als die Nachricht noch frisch war, sprachen wir von den »sechs Millionen Juden, die in den Gaskammern von Hitler ermordet wurden«. Das wurde abgekürzt zu »den sechs Millionen Juden, die von Hitler ermordet wurden«. Während wir die Ungeheuerlichkeit der sechs Millionen Toten nicht wirklich fassen können, ist das zumindest eine Zahl, die für Menschen steht, für menschliche Wesen; doch jetzt haben wir aufgrund einer Fernsehserie einen eingängigen Begriff bekommen, den Holocaust. Die Menschlichkeit der Ermordeten wird von diesem Schlagwort verringert. Bald werden wir vielleicht vergessen haben, wie viele Menschen gestorben sind. Wir haben es bereits vergessen, weil Hitler in unserer Vorstellung für alle Übel der Neuzeit steht, auch für die Juden, die von Stalin in den wenigen Jahren vor seinem Tod (da-

mals als »Die dunklen Jahre« bezeichnet) in den neu besetzten Ländern Osteuropas und der Sowjetunion systema-
tisch umgebracht wurden. Es wird berichtet, dass man mittelalterliche Folterinstrumente aus den Museen geholt und
die Menschen auf mittelalterliche Art und Weise getötet
hat. Von diesen armen Opfern spricht man heute auch
nicht mehr. Wie viele von ihnen hat es gegeben? Hunderttausende? Eine Million? Wer weiß! Werden sie vergessen,
weil es relativ wenige waren? Ich glaube nicht, dass man
ihnen irgendwo ein Denkmal gesetzt hat.

Wir betrachten Mord mit unterschiedlichen Augen und
Maßstäben. Warum sollte die Ermordung der sechs Millionen Juden schlimmer sein als beispielsweise der politisch
beabsichtigte Hungertod von sieben bis neun Millionen zumeist ukrainischer Bauern? Wenn man diese Frage stellen
wollte – und dazu braucht es sicher ein gewisses Maß an
Tollkühnheit –, würde die Antwort lauten: »Weil es ein be-
wusster, rassistisch begründeter Mord war, qualitativ anders durch den Einsatz der Gaskammern.« Aber diese
»sechs Millionen« – der Holocaust – sind selbst schon eine
Vereinfachung. Hitler brachte aus rassischen Gründen
auch »ungefähr« eine Million Zigeuner um. Viele davon in
den Gaskammern. Sie starben, weil sie Zigeuner waren
und – wie Hitler meinte – einer minderwertigen Rasse an-
gehörten. Diese Leute werden nie erwähnt. Es gibt keine
Bücher, die von den Opfern geschrieben wurden, keine
Fernseh- oder Radiosendungen, keine Gedenkgottes-
dienste, keine Mahnmale für die »ungefähr« eine Million
Zigeuner, die von Hitler ermordet worden sind. (Und natürlich von seinen Parteimitgliedern.) Teilen wir Hitlers
Ansicht, dass Zigeuner nicht wichtig sind? Natürlich nicht.
Es ist nur so, dass dieses Unrecht von einer größeren Zahl
verschluckt wurde. Doch wenn sechs Millionen Juden ein
Holocaust sind, sind dann nicht eine Million Zigeuner ein

Sechstel eines Holocausts? Sollten wir das Wort »Holocaust« nicht beiseite lassen und eine Sprache benutzen, die ein gewisses Maß an Achtung vor den Toten bezeugt?

Nicht nur die Zigeuner sind vergessen. Hitler soll in Deutschland und in den von Deutschland besetzten Ländern »ungefähr« zwölf Millionen Menschen umgebracht haben. Sechs Millionen Juden, eine Million Zigeuner – das macht sieben Millionen und lässt die Frage nach den restlichen fünf Millionen offen. Wer waren sie? Bevor der Mord an den »rassisch minderwertigen« Juden und Zigeunern begann, leisteten viele Deutsche Hitler Widerstand und wurden umgebracht. Hitler-Deutschland ermordete deutsche Kommunisten, Sozialisten, Gewerkschafter und ganz gewöhnliche anständige Leute. Die Wunde, die durch den Massenmord an den Juden in den Todeslagern geschlagen wurde, ist so tief, dass es fast unmöglich war, den Deutschen jener Zeit irgendeine Form von Menschlichkeit zuzugestehen. Aber von einem bestimmten Zeitpunkt an könnte man die ganze Sache auch gelassener betrachten. Wer waren diese anderen fünf Millionen, die von Hitler ermordet wurden? Wie viele davon waren Deutsche? Wird es nicht Zeit, dass die Deutschen, die Hitler als Erste bekämpft haben (und sich wahrscheinlich einsam und isoliert auf der Welt fühlten, weil sich niemand gegen Hitler erhob) – wird es nicht langsam Zeit, dass diese Deutschen gezählt und geehrt werden und dass ihre Geschichte geschrieben wird? Bis das geschehen ist, wird uns etwas fehlen, wie uns auch dann etwas fehlt, wenn wir uns auf vorschnelle Urteile, schablonenhaftes und vereinfachendes Denken verlassen.

Wir selbst sind die Gefangenen dieser Zahlen, dieser Statistiken – der Millionen und Abermillionen. Könnte es sein, dass unser sorgloser, unser beiläufiger Umgang mit diesen »Millionen« eine Ursache für Grausamkeit, für Brutalität ist?

190

Als ich dieses Buch schrieb, verfolgten mich die Worte des russischen Dichters Ossip Mandelstam, der im Gulag gestorben ist:

»Und es werden meine eigenen Leute sein, die mich umbringen.«

November 1986

Anmerkung:

Seit dieses Buch in Druck gegangen ist, hat sich der *New Yorker* entschlossen, einen Teil von »Der Wind weht unsere Worte fort« zu veröffentlichen.